यात्रा-वृत्तान्त

मेरी लद्दाख यात्रा

मेरी लद्दाख यात्रा

राहुल सांकृत्यायन

राधाकृष्ण प्रकाशन

पहला संस्करण 1949 में किताब महल, इलाहाबाद से प्रकाशित

ISBN : 978-81-978022-1-8

मेरी लद्दाख यात्रा

पहला राधाकृष्ण संस्करण : 2024

मूल्य : ₹695

प्रकाशक

राधाकृष्ण प्रकाशन प्राइवेट लिमिटेड
जी-17, जगतपुरी, दिल्ली-110 051

शाखाएँ : अशोक राजपथ, साइंस कॉलेज के सामने, पटना-800 006
पहली मंजिल, दरबारी बिल्डिंग, महात्मा गांधी मार्ग, प्रयागराज-211 001
1, अनमोल सोराबजी सन्तुक लेन, धोबी तलाव, मरीन लाइंस, मुम्बई-400 002

वेबसाइट : www.radhakrishnaprakashan.com
ई-मेल : info@radhakrishnaprakashan.com

मुद्रक

बी.के. ऑफसेट
नवीन शाहदरा, दिल्ली-110 032

MERI LADAKH YATRA
Travelogue by Rahul Sankrityayan

मेरी लद्दाख यात्रा

क्रम

भाग-1 : मेरी लद्दाख यात्रा (1926)

भाग-2 : मेरी लद्दाख यात्रा (1933)

1

मेरी लद्दाख यात्रा

1926

मेरठ

मेरठ में मैं जनवरी के प्रथम सप्ताह ही में आ गया। यह जिला गंगा और यमुना के बीच में है। दिल्ली और गाजियाबाद के बीच में यमुना ही इस जिले की सीमा है। यमुना के पश्चिम तरफ रोहतक का जिला पड़ता है।

युक्त-प्रान्त के सभी भागों से मेरठ-कमिश्नरी के लोग खुशहाल हैं। इसका एक कारण तो गंगा और यमुना की नहरों का सर्वत्र बिछा हुआ ताँता है, दूसरे यहाँ के किसान भी बड़े मेहनती हैं, तीसरे यहाँ बिहार-बंगाल की तरह के बड़े बड़े जमींदार नहीं हैं।

प्राचीन कुरु देश यही है। हस्तिनापुर गंगा से 5-6 मील हटकर गंगा की एक पुरानी धार बूढ़ी गंगा के शुष्कप्राय स्रोत पर अब भी यात्रियों के आने-जाने का एक खासा स्थान है। आजकल यह भाग बिलकुल ऊजड़ है। बहुत दूर तक पुरानी बस्तियों के ऊँचे-ऊँचे ध्वंसावशेष बिखरे पड़े हैं। लोगों ने इन्हीं में से किसी को बिदुरटीला, किसी को कोई टीला मशहूर कर रक्खा है। पटवारियों के कागजों में अब भी कुछ भाग को 'पट्टी कौरवान' और कुछ के लिए 'पट्टी पांडवान' लिखा पाया जाता है। यहाँ से गंगा तक की भूमिको खदर (दियारा) कहा जाता है। इसमें झुंड के झुंड गायें और भैंसें चरती रहती हैं। हस्तिनापुर के नाम से कोई एक ग्राम नहीं है। जैन धर्म के दिगम्बर और श्वेताम्बर दोनों सम्प्रदायों के यहाँ दो बड़े मन्दिर हैं। कई वर्षों तक यहाँ ऋषभ ब्रह्मचर्याश्रम के नाम से उनका एक गुरुकुल भी चलता रहा, किन्तु आज (1626 ई. में)

दो-तीन वर्ष से वह जयपुर चला गया है। मन्दिरों के एकान्तवासी पुजारी यात्रा के समयों के अतिरिक्त बड़ी नीरसता अनुभव करते हैं। उनमें से एक ने बड़े करुण स्वर से कहा था—“उस समय बहुत अच्छा था। सौ के करीब ब्रह्मचारी और बीसों परिवार अध्यापकों के रहते थे। रात को आज सूनी पड़ी कोठरियाँ रोशनी से जगमगाती रहती थीं।” अध्यापकों के कितने ही घर अब गिर रहे हैं। पास के एक टीले पर रघुनाथराव का महल है। कहा जाता है, कोढ़ी होकर मराठा पेशवा वंशज यहीं रहता था। अब उसकी एक दीवार में सगमर्मर की पट्टी पर एक नग्न मूर्ति बनी हुई है, साथ ही नये ईंटों, चूने की कुछ मरम्मत दीख पड़ती है। कहा जाता है कि जैन गुरुकुल वालों ने अपना दखल जमाने ही के लिए ऐसा किया था। मन्दिर से थोड़ा पूर्व कर्णघाट है।

मेरठ से 16-17 मील पर मवाना कस्बा है। यहाँ तहसील, मिडिल वर्नाक्यूलर स्कूल के अतिरिक्त मिडिल इंग्लिश स्कूल तथा अस्पताल भी हैं। मवाने से प्राय: 5-6 मील पर हस्तिनापुर है, और 8-9 मील पर परीक्षितगढ़। परीक्षितगढ़ दिन पर दिन अवनति पर है। एक टूटी-फूटी दूकान में हुक्का पीते हुए एक बूढ़ा आदमी बोल रहा था—“किसी समय यह कस्बा बड़ी रौनक पर था। उस समय हर चीज के कारीगर यहाँ मौजूद थे। गदर में सरकार ने कस्बे की बाहरी दीवार को उड़वा दिया। आपने राजा का किला जो देखा है, वह किसी समय बड़ा ही सुन्दर था, आज की तरह रुंडमुंड नहीं।”

इधर सवा मील का कोस होता है। परीक्षितगढ़ से प्राय: तीन कोस पर ईसाइयों की कन्या पाठशाला है। हम लोग वेल ताँगे पर जा रहे थे। एक गाँव में एक कच्चे मकान की मिट्टी की छत पर लकड़ी का एक ‘क्रास’ लगा हुआ देखा। पूछने पर मालूम हुआ, यहाँ के सभी भंगी ईसाई हो गए हैं, उन्हीं का यह गिर्जा है। पादरी-पादरनी बाहर प्रचार करने गए हैं। यह गाँव तगों का है। इन तगों की स्थिति वही है जो पूर्व में भूमिहारों की। ये लोग पुरोहिती का काम नहीं करते। एक तगा बड़े गर्व से कह रहा था—सबकी जमींदारी बिकते देखी होगी, लेकिन तगों की नहीं। तगों को जाट-गूजरों की भाँति इधर चौधरी कहकर पुकारते हैं। इन लोगों को चालीस भंगियों के क्रिस्तान हो जाने का कोई अफसोस नहीं। चमारों के लड़कों को अपने लड़कों के साथ ये नहीं पढ़ने देते।

डिस्ट्रिक्ट बोर्ड ने अछूत पाठशाला अलग कायम की है, लेकिन उसके लिए यहाँ वाले जमीन भी नहीं देते। कहते हैं कि चमार पढ़ जाएँगे तो काम कौन करेगा?

गाँव से थोड़ी ही दूर पर ईसाइयों की पाठशाला है। वह बस्ती से दूर खेतों में बनी है। मकान बिलकुल देहाती ढंग के कच्चे हैं। एक अंग्रेज महिला प्रधान अध्यापिका हैं। पाठशाला मिडिल वर्नाक्यूलर तक है, साथ ही ट्रेनिंग की सीढ़ियाँ भी हैं। ट्रेनिंग क्लास को छोड़कर सत्तर लड़कियाँ मिडिल तक में पढ़ रही हैं। ये सभी लड़कियाँ सिर्फ दो जातियों मेहतर और चमार की हैं। हिन्दू जाति की इन उपेक्षित और घृणा से देखी जाती हुई जातियों की इन लड़कियों की शरीर-वस्त्र-सम्बन्धी सफाई देखकर मेरे एक साथी ने कहा, 'ऐसी सफाई तो ऊँचे तबके के शिक्षित हिन्दुओं की लड़कियों में भी मिलनी मुश्किल है', साथ ही हर जगह हर एक चीज में सादगी और कम खर्च को सामने रक्खा गया है। भोजन जो शुद्ध, सादा हिन्दुस्तानी होता है—लड़कियाँ स्वयं पकाती हैं। कपड़ा बुनना, टोकरी बनाना, मोजे बुनना, सिलाई आदि कितनी ही स्त्रियों के उपयुक्त हस्तशिल्प की भी उन्हें शिक्षा दी जाती है। अछूत जातियों को पशुता से उठाकर इस प्रकार देवता बनाने का प्रयास ईसाई भाइयों की ओर से देखकर हृदय उनके प्रति कृतज्ञता से भर जाता है। वे ही लड़कियाँ जब हिन्दू थीं तो उनकी अवस्था क्या थी और अब क्या से क्या हो गई? शहर (मेरठ) से 9, 10 मील दूर, बस्तियों से भी दूर यह सरस्वती मन्दिर एक बड़ा ही सुन्दर और मनोरंजक स्थान है। अछूत जातियों की बात तो दूर रही, छूत जातियों की लड़कियों की शिक्षा के लिए भी इस तरह शिक्षा का प्रबन्ध बिहार के हिन्दुओं की ओर से कहाँ देखने में आता है? यह और मेरठ शहर के पास के कोढ़ीखाने जैसी संस्थाएँ ही हैं, जिनके देखने से दर्शक को समझ में आ जाता है, कि ईसाई क्यों इतनी शीघ्रता से बढ़ रहे हैं। जहाँ हिन्दुओं में इन लोगों के प्रति इतनी घृणा है, वहाँ ईसाइयों ने उनके साथ कार्य रूप से कितनी सहानुभूति और प्रेम दिखलाया है।

पंजाब

अम्बाला से असली पंजाब शुरू हो जाता है। ऐसे प्रबन्ध के तौर पर तो कर्नाल, रोहतक, हिसार, गुड़गाँव के जिले भी पंजाब प्रान्त ही में शामिल हैं, लेकिन उनकी भाषा, भेष आदि मेरठ कमिश्नरी के लोगों से अधिक मिलते हैं। सबसे बड़े आश्चर्य की बात अम्बाला के इन कई जिलों तथा मेरठ कमिश्नरी की यह है कि यहाँ हिन्दू सत्तर और अस्सी फीसदी से ज्यादा हैं, यद्यपि ये जिले दिल्ली के पड़ोसी हैं, जहाँ पर कितने ही अलाउद्दीन, मुहम्मद तुगलक, औरंगजेब जैसे मदान्ध बादशाह सैकड़ों वर्षों तक राज्य करते रहे। इसके भीतर रहस्य क्या है? मालूम होता है, इन जगहों के हिन्दू पूर्वी बंगाल के हिन्दुओं की तरह खोखले न थे। यही जगहें हैं जहाँ राजपूतों के अतिरिक्त जाट, गूजर, अहीर जैसी वीर क्षत्रिय-गुण-सम्पन्न जातियाँ बसती हैं। ब्राह्मणों में तगा या दानत्यागी (जो बिहार के भूमिहार ब्राह्मणों की तरह हैं) जैसी जाति भी यहाँ कसरत से है, जिसको कि देशकाल की परिस्थिति की पहिचान मशहूर है। खेती, जमींदारी आदि सभी व्यवसायों में जहाँ यह जाति बहुत बढ़ी-चढ़ी है, वहाँ सामाजिक सुधार में भी अपने पड़ोसी जाट आदि जातियों से कुछ पीछे नहीं है। सुना जाता है-मेरठ और अम्बाला कमिश्नरियों के जिला को मिलाकर दिल्ली का प्रान्त बड़ा किया जाने वाला है। यह स्पष्ट है कि ऐसे प्रान्त में सबसे अधिक संख्या जिस जाति की होगी वह जाट है। दूसरा नम्बर दानत्यागियों का है। लेकिन यद्यपि जाटों के सीधेपन के बारे में इन प्रान्तों में वैसी ही कहानियाँ मशहूर हैं,

जैसी कि बिहार में अहीरों के बारे में (जो कि बिहार में भी संख्या के हिसाब से अधिक सर्वाधिक जाति अर्थात बाकी किसी भी तीन बहुसंख्यक जातियों से अधिक प्राय: 32 लाख) है। तथापि अब यह वीर जाट जाति वैसी भोली-भाली नहीं है। इन पचीस-तीस सालों में इनमें बहुत भारी परिवर्तन हो गया है। जाति उस हरियाना प्रान्त में बसती है जहाँ पहले दूध-घी की नदियाँ बहा करती थीं। और अब भी उसमें यह अन्य प्रान्तों से अधिक हैं। गायों, भैंसों के लिए प्रसिद्ध हाँसी हिसार के जिले यही हैं। विचारों में परिवर्तन करने वाली संस्था आर्य समाज का इनमें अच्छा प्रभाव है। आप यहाँ कितने ही जाट वैदिक हाईस्कूल पावेंगे जो कि इस बात की पहचान हैं कि जाटों में आर्य समाज कितना घर कर गया है। इन स्कूलों तथा कुरुक्षेत्र मटिंडू आदि गुरुकुलों ने आर्य समाज के विचारों को फैलाने में बड़ा काम किया है। एक तो यह जाति ऐसे ही निर्भीक है, दूसरे इस पर क्षात्र-गुण-प्रधान आर्य समाज की शिक्षा की छाप पड़ गई है।

विद्या में जहाँ व इस जाति में संस्कृत के शास्त्रियों की कमी नहीं है वहाँ अंग्रेजी के उच्च शिक्षा प्राप्त भी बहुतायत से हैं और उनकी संख्या दिन-ब-दिन बढ़ रही है। प्रत्येक जाट में अपनी सन्तान की शिक्षा का व्यसन-सा हो गया है। इस अवस्था का अनुमान पाठक तभी कर सकते हैं यदि वे थोड़ी देर के लिए बिहार की बत्तीस लाख वीर अहीर-जाति में कायस्थ जाति की-सी विद्या-चातुरी भी देखने में समर्थ हों। अस्तु, दिल्ली प्रान्त के भविष्य में इस वीर जाट जातिका बहुत हाथ होगा।

अम्बाला से पश्चिम चलने पर लुधियाना, जालन्धर, अमृतसर, शेखपूरा, लायलपुर, स्यालकोट, झेलम, रावलपिंडी, कटक आदि जिलों में हिन्दुओं की संख्या इस तरह कम होती चली गई है कि अन्त के जिलों में तो वह सिर्फ शहरों ही में रह गई है। रावलपिंडी के जिले में सिर्फ कहुटा और कोहमरी की ही दो तहसीलें हैं जिनमें हिन्दू किसान भी कुछ गाँवों में बसे हुए हैं। और यह सभी ब्राह्मण सारस्वत और भूमिहार है। इनमें शिक्षा का अभाव है। आम तौर से हल जोतते हैं, गदहे पालते हैं। सैकड़ों ऐसे भी मिलते हैं जो आजन्म बिना जनेऊ के रह जाते हैं। वेशभूषा बिलकुल वही है जो कि मुसलमानों की। मास और मुर्गे प्राय: ये सभी ब्राह्मण खाते हैं। बाल-विवाह बहुत कम होते हैं।

पर्दा का नामोनिशान नहीं। आम तौर से लोगों के सामने भी स्त्रियाँ नंगी नहाने से परहेज नहीं करती हैं। नंगी कपड़े धोया करती हैं। इन जिलों के डिस्ट्रिक्ट बोर्डों में प्रायः सभी सभासद मुसलमान ही हैं। शिक्षा आदि किसी बात में हिन्दुओं का वे खयाल नहीं रखते।

अटक—यह सिन्धु के किनारे का पार्वत्य जिला है। सिन्धु की धारा अटक बस्ती के पास बहुत ही पतली है। जिस समय एक आदमी अटक के किले के नीचे सिन्धु के किनारे वाली चट्टानों पर बैठकर उस पार की दूर तक फैली हुई पहाड़ियों पर नजर डालता है तो वह उसे भूतकाल के उस स्वप्न-जगत की ओर संकेत करती है; जब कि सहस्त्रों हूण, यवन, शक, तुर्क, मुगल जातियाँ इन्हीं पहाड़ियों को फाँदकर पूतसलिला सिन्धु के तटपर पहुँचती थीं। न जाने कितनी बार माता सिन्धु ने भारत की पत रखने के लिए उनके मार्ग में रुकावट डाली होगी। लेकिन हर बार उसे असफलता ही रही। भारत की विशृंखलित जनता ने चन्द्रगुप्त के बाद कब माता सिन्धु के काम में मदद दी। आज वह अटकनगर भी नहीं है, अब उसकी जगह थोड़े से घर रह गए हैं। रेल ने उसे श्रीहत कर दिया। सात सौ हिन्दुओं के घरों में अब बारह-चौदह ही बाकी रह गए हैं। जहाँ काबुल विजेता मानसिंह ने सैकड़ों घर राजपूतों के बसाये थे, उस मलाही टोला में आज एक भी हिन्दू नहीं। नदी के किनारे वाले साधु ने बतलाया कि पहले यहाँ दो चार राजपूत हिन्दू थे।

तक्षशिला—तक्षशिला-जंक्शन के पास यह स्थान रावलपिंडी और हजारा जिलों की सीमा पर है। यहाँ के सभी निवासी मुसलमान हैं। किसी समय प्राचीन गान्धार देश की यही राजधानी थी। यहीं के राजा ने महावीर सिकन्दर की आवभगत की थी। लेकिन तक्षशिला का माहात्म्य राजधानी होने में नहीं है। यह प्राचीन भारत के उन ज्योति-स्तम्भों में थी, जहाँ से विद्या का प्रकाश सुदूर देशों तक फैलता था। गान्धार सन्तान शालातुरेय दाक्षीपुत्र महावैयाकरण पाणिनि को पैदा करनेवाली यही तक्षशिला थी। गोनर्दीय पातंजलि की विद्याभूमि भी यही बतलाई जाती है। भगवान बुद्ध के मुखारविन्द से अनेक बार तक्षशिला विद्यालय का जिस प्रकार नाम आया है, उससे भी उसका प्राचीन वैभव सिद्ध है। वैसाली (बनिया बसाढ़ जिला मुजफ्फरपुर) की अम्बापाली तथा मगधराज

बिम्बिसार के पुत्र प्रख्यात चिकित्सक जीवक ने इसी विद्यालय में शिक्षा प्राप्त की थी। कोई समय था जब कि काशिराज ब्रह्मदत्त का पुत्र भी बनारस से चलकर यहाँ पढ़ने के लिए आया था। लेकिन आज यह स्थान उजाड़ और वीरान है। दूर तक जगह-जगह भीट मिलते हैं। इन्हें खोद कर पुरातत्व विभाग ने बहुत-सी चीज प्राप्त की हैं। ये खुदाइयाँ भिड़, सिरसुख, सिरकप, जौलियाँ, माडा-मुरादू आदि स्थानों में हुई हैं। सम्राट् कनिष्क का धर्मराजिका स्तूप अब भी चिडतोप के नाम से मौजूद है। वृद्ध मुसलमान चौकीदार ने बड़े चाव से कहा, "बुतों का तोड़ना तो सवाल है। लेकिन हम तो नौकर हैं। इन निकली हुई मूर्तियों को तोड़ने पर हमारी नौकरी ही चली जाएगी।" कितना अफसोस है। जिनके पूर्वजों ही ने किसी समय इन सारे सभ्यता-केन्द्रों को स्थापित किया था। आज वे अज्ञानान्धकार में पड़े हुए इन चिह्नों पर कुछ भी गर्व नहीं करते। तक्षशिला के इन बिखरे हुए विस्मृत चिह्नों को देखते दर्शक के मन में अद्‌भुत भाव पैदा होने लगते हैं।

मुलतान

लायलपुर—यह एक नया जिला है, साथ ही इस इलाके की आबादी भी बिलकुल तीस साल की है। सारे जिले में ओर से छोर तक नहरों का ताँता लगा है। जब नहरें न थीं, तो यहाँ या तो जगह-जगह बालू के ढेर थे, अथवा जहाँ-तहाँ बबूल या दूसरे ऐसे दरख्तों की झाड़ियाँ थीं। सचमुच यहाँ के गाँव वालों को यह सुनकर बड़ा आश्चर्य होगा, कि बिना नहरों के भी कोई देश हरा-भरा रह सकता है। इस इलाके के कुएँ आम तौर से खारी होते हैं। लोग पीने के लिए भी नहरों का ही पानी इस्तेमाल करते हैं; पंजाब प्रान्त का कृषि-कालेज लायलपुर ही में है। देहाती किसानों में सिक्ख, जाटों की संख्या अधिक है। नये अकाली आन्दोलन का भी इन पर बड़ा असर हुआ है, लेकिन इनमें कई एक ऐसे दोष हैं, जिनके हटाने के लिए इस आन्दोलन ने कुछ भी नहीं किया है। ये लोग शराब में बड़ा रुपया बर्बाद करते हैं। शादियों—में, मेलों में इस शराबखोरी के कारण कितनी ही बार खून-खराबी तक की नौबत आती है। अकाली आन्दोलन ने वस्तुत: अपने आदमियों के भीतर घर कर गए इस तरह के कितने ही दोषों से जानबूझ आँख मीची है। इससे तो उनका सूर्य मध्याह से नीचे की ओर जा रहा मालूम होता है। अभी से इनमें भयंकर फूट पढ़नी शुरू हो गई है। अस्तु। यह शराबखोरी की भयंकर आदत इस जिले के किसानों में बहुत ज्यादा है। खेती अधिकतर गेहूँ की होती है। पंजाब में जितना मोटर का रवाज हो गया है, उतना तो भारत के शायद ही किसी प्रान्त में हो।

लायलपुर जैसे तीस साल वाले शहर में भी इसकी तादात सैकड़ों तक पहुँच गई है। मोटर वाले मामूली फोर्ड की बाडी में घटा-बढ़ाकर वारह सीट की जगह बना लेते हैं। इनके कारण इक्के ताँगे वालों की हालत खराब हो रही है। लक्षण तो बतला रहे हैं कि वह समय दूर नहीं जब वहाँ सिर्फ मोटरें ही मोटरें रह जाएँगी।

मुलतान—सिन्ध और सतलज के बीच में पाँच तहसीलों का जिला है। मुलतान की गरमी मशहूर है! क्यों न हो? एक समय यहाँ के सबसे बड़े देवता सूर्य रहे हैं, और यहाँ के मुसलमानों के पीर, शम्स (सूर्य) अब भी मशहूर हैं। आधे मार्च ही में जब कि पंजाब के अन्य भागों में दिन में भी सर्दी देखने में आती है, यहाँ गर्मी को मात्रा बढ़ चली है। जिला पहाड़ी भी नहीं है। लेखक ने एक मकान की सरकंडों की बनी छत देखी। उस पर बहुत पतली-सी मिट्टी पड़ी हुई थी। उसने अनजाने एक आदमी से पूछ डाला—"यह बरसात के पानी को कैसे रोकती होगी?" "यहाँ उतनी वृष्टि कभी होती ही नहीं। यहाँ तो बूँदा-बाँदी होकर रह जाती है।"

मैंने कहा—"ये हरे, भरे खेत और बाग कैसे हैं।"

उत्तर मिला—"सब नहरों और कुओं की बदौलत।"

यद्यपि वृष्टि इतनी कम है तो भी कुओं में पानी बहुत नीचे नहीं होता। यहाँ के लोग पानी की कदर खूब जानते हैं। कुएँ बारहों महीनों चलते ही रहते हैं। मुलतान, सिन्ध और पंजाब प्रान्तों की सन्धि पर है। इसीलिए यह दोनों से विलक्षण है। यहाँ की पाशाक में सिंधियों की घाघरी, जहाँ एक तरफ शामिल है, वहाँ सलवार का भी बिलकुल अत्यन्ताभाव नहीं है। देहाती लोग अधिकांश मुसलमान हैं। कहीं-कहीं कुछ हिन्दू खेती करने वाले मिलते हैं। हिन्दू ज्यादातर शहरों में रहते हैं, और व्यापार तथा नौकरी करते हैं। भाषा न तो पंजाबी है, और न सिन्धी। यद्यपि यह सर्दी-गर्मी दोनों में हद से बढ़ा हुआ है, लेकिन लोग अधिकतर अच्छे-खासे गोरे होते हैं। शहरों में तो अब सभी जगह समीकरण होता जा रहा है; लेकिन देहाती स्त्री-पुरुष खूब लम्बे-चौड़े होते हैं। यहाँ के खेती करने वाले ब्राह्मण, खत्री आदि सभी हिन्दू आम तौर से गदहे पालते हैं।

ऐतिहासिक दृष्टि से मुलतान एक खास दर्जा रखता है। यहाँ का सूर्य-मन्दिर एक बड़ा तीर्थ-स्थान था। जैसे और मन्दिरों के ऐश्वर्य ने मुसलमानों को बुलाकर अपना सत्यानाश कराया, इसी तरह इसने भी खैबर पार के लुटेरों को दावत दी। आज मुश्किल से उस मन्दिर का निशान मिलता है। इस समय प्रह्लादजी का मन्दिर अधिक प्रसिद्ध है। मन्दिर देखने से तो पुराना नहीं मालूम होता, लेकिन उससे लगी हुई गौसपीर की दर्गाह वह स्थान है, जहाँ शायद पुराना मन्दिर था। दर्गाह की ईंटें पुरानी हैं। ये दोनों इमारतें उस किले पर हैं, जिसके साथ दीवान सावनमल का अमर नाम सम्बद्ध है। सिक्खों के राज्य की बागडोर अंग्रेजों के हाथ में जाने के बाद भी इस वीर हिन्दू ने कुछ दिनों तक मुलतान की स्वतंत्रता कायम रक्खी। आज इस किले की ईंटें नहीं हैं, खाइयाँ भी सूख गई हैं। बीच-बीच में फरास (झाऊ-सा बड़ा वृक्ष) तथा दूसरे वृक्ष उगे हुए हैं।

मुलतान में हिन्दुओं की कई अच्छी संस्थाएँ है। भला हो,आर्य समाज का जिसने एक नई लहर पैदा कर दी। आज पंजाब का शायद ही कोई ऐसा शहर हो जहाँ आर्य समाज का कोई डी.ए.वी. हाईस्कूल न हो। यही अवस्था कन्या पाठशालाओं के बारे में भी है। बल्कि पुत्री-पाठशालाएँ तो आर्य समाज का एक आवश्यक अंग-सी बन गई हैं। मुलतान का डी.ए.वी. स्कूल एक प्रसिद्ध सस्था है। अनाथ बालक-बालिकाओं के लिए पास ही एक आर्य अनाथालय भी है। शहर से चार मील पर गुरुकुल है, जिसमें 130 लड़के पढ़ते हैं। शहर में एक सनातन धर्म स्कूल भी है।

पीछे मुलतान में जो दगा हुआ था, उसकी खबर सभी ने सुनी है। यद्यपि आज (1926 ई.) उस बात को हुए प्राय: तीन साल हो गए, परन्तु अब भी कितने ही मकान हैं, जो जलकर फिर नहीं चने। जली हुई लकड़ियाँ और दीवारें अब भी दिखाई देती हैं। कई एक मन्दिर भी उस समय जला दिये गए थे, जिनमें अधिकांश का पुनरुद्धार हो गया है। अन्य जगहों की भाँति, यहाँ के भी हिन्दू स्वभावत: सौम्य हैं। उसपर भी यहाँ के हिन्दू ज्यादा व्यापार या कलम का व्यवसाय करते हैं। इन सबके ऊपर है फूट का मेवा तथा ऊँच-नीच का भाव। इनकी अपेक्षा मुसलमान अधिक मजबूत हैं। उनमें धर्मान्धता भी है, और उसपर उन्हें हिन्दुओं जैसी धनी और भीरु जाति से पाला पड़ा है।

लेकिन हिन्दुओं का भी अब समय बदल रहा है। फूट तो यद्यपि उतनी कम नहीं हुई, किन्तु जनानापन निकलकर मर्दानगी जरूर आ रही है, यद्यपि उसकी चाल मन्द है। पिछले दगे की एक घटना है। जिस वक्त मुसलमान गुंडे हिन्दू-मुहल्लों को जला रहे थे, उसकी खबर सुनकर आर्यसमाजियों ने समझा—वे हमारे मन्दिर को भी जला देंगे इसलिए लाठियों के साथ उनमें से कितने ही उस गली में जमा हो गए। गुंडे आए, लेकिन प्रतिपक्षियों को देखकर उनकी हिम्मत आगे बढ़ने को न हुई। गवर्नमेंट ने पीछे हिन्दू-मुसलमान प्रत्येक व्यक्तिपर 1) (॥।~) + ≋) दो बार) लगाकर वसूल किया, और इस रुपये को क्षतिपूर्ति के तौर पर उन हिन्दुओं को दिया जिनके घर जला दिये गए थे। अब ये बातें पुरानी होती जा रही हैं।

[मुलतान 19-3-26]

देरागाजीखाँ

भाषा के विचार से मुलतान, मुजफ्फरगढ़ और देरागाजीखाँ एक प्रान्त है। इनमें से मुजफ्फरगढ़ और मुलतान के जिले सिन्धु नद के पूर्व की तरफ हैं, और देरागाजीखाँ सिन्धु के पश्चिम की तरफ। मुजफ्फरगढ़ बिलकुल वैसा ही है, जैसा कि मुलतान का जिला। शहरों को छोड़ बाकी सब जगह मुसलमानों की आबादी है। गर्मी-सर्दी दोनों ही कड़ाके की पड़ती हैं। सिन्धु के किनारे की तरफ मीलों तक बालू के ऊँचे-नीचे टीले तथा कटीली झाड़ियाँ मिलती हैं, जिनमें जगह-जगह ऊँट चरते हुए दिखाई पड़ते हैं। मकान कच्चे, और उनकी छतें भी कच्ची होती हैं। पानी के तालाब या झील इस तरफ बिलकुल ही दिखाई नहीं पड़ते।

देरागाजीखाँ—सिन्धु नद और सुलेमान पर्वत के बीच में यह जिला कोई दो सौ मील तक लम्बा चला गया है। चौड़ाई इसकी 50-60 मील से कहीं भी अधिक नहीं है। सिन्धु की धार यहाँ बड़ी ही अनिश्चित सी है। इसके किनारे 10-10 मील दूर के लोग भी अपने को सुरक्षित नहीं समझते। पुराना देरागाजीखाँ एक बहुत ही रम्य तथा समृद्धशाली नगर था। उसे सिन्धु ने एक ही बार में भूतल से नाममात्रावशेष बना दिया। नया देरागाजीखाँ उससे दस मील और पश्चिम की तरफ हटकर बसा है। शहर अभी नया है। वृक्षों की छाया का प्रभाव है। मकानों पर धूल उड़ती-सी मालूम होती है। शहर में हिन्दुओं की तादाद काफी है। हिन्दू हाईस्कूल तथा ऐंगलो संस्कृत (आर्यसमाज) हाईस्कूल के नाम से दो

हिन्दुओं के हाईस्कूल भी हैं, साथ ही एक गवर्नमेंट हाईस्कूल भी है। गन्दगी तो पंजाब का खास्सा है। जिन मकानों के रहने वाले कपड़े लत्तों में बड़े साफ दिखलाई देंगे, उनके मकानों की भी सारी खुली छत पायखाना का काम देती है। शहरों की गलियाँ भी गन्दी रहती हैं। लोग इसकी तरफ बिलकुल ध्यान नहीं देते। वकील, डॉक्टर, मोटर वाले तथा दूसरी तरह के व्यापारियों में हिन्दू अधिक हैं। हिन्दू अधिक अवस्था में मुसलमानों से श्रेष्ठ हैं। मजदूर पेशा हिन्दू इधर बहुत कम मिलते हैं।

इस जिले में भी हिन्दू शहरों ही में मिलते हैं। वहाँ का व्यापार इनके हाथों में है। अब मुसलमानों का भी ध्यान आकृष्ट होने लगा है। पजाब में कृषि कानून बन चुका है, जिसकी वजह से हिन्दुओं की कुछ जातियाँ गैर जरायत पेशा मानी गई है और उन्हें जमीन खरीदने के हक से वंचित कर दिया गया है। पंजाब में इस तरह के हथियार हिन्दुओं पर बराबर चल रहे हैं। जो कानून केनिया और अफ्रीका के गोरों द्वारा हिन्दुस्तानियों के लिए बनाये गए हैं, उनकी कोई न कोई छोटी-छोटी शकल यहाँ भी हिन्दुओं के लिए दी गई है। जमीन से इस तरह हिन्दू महरूम हुए। अब एक नया कानून साहूकारा के बारे में पेश हुआ है। इसके अनुसार हिन्दू—जो रुपयों का लेन-देन बहुत करते है—उससे भी हाथ धोएँगे। स्कूलों में उनके लड़कों को ज्यादा फीस देनी पड़ती है, जमीन वे खरीद नहीं सकते। साहूकारों के लिए भी नया अस्त्र तैयार हो रहा है। मुलतान-ऐसे उपद्रवों में हिन्दू ही बर्बाद होते हैं, और फिर तावान (क्षतिपूर्ति) का अधिक रुपया भी उन्हीं से वसूल किया जाता है। ये कतिपय उदाहरण हैं, जिनसे बिहारी पाठक यहाँ की अवस्था का अनुमान कर सकते हैं।

हिन्दुओं में आपस की फूट भी कम नहीं है।

पंजाब के हिन्दुओं में शिक्षा का जो प्रचार हुआ है उसमें आर्य-समाज का हाथ प्रधान है। उसने लोगों की रुचि ही में एक भारी परिवर्तन पैदा कर दिया है। दान आदि में लोग जातीय हित का बड़ा ध्यान रखने लगे हैं। बिहारियों की तरह शादी और श्राद्ध में यहाँ के लोग उजड़ नहीं जाते हैं। इनकी वजह से पुरोहित समाज के लाभ में कमी होनी आवश्यक है।

पुरोहित बिहारी पुरोहितों से भी अधिक गिरे हुए हैं। यह पुरोहित समाज आर्य समाजियों पर भीतर ही भीतर खार खाये हुए बैठा था। आजकल इन लोगों का प्रधान काम आर्य-समाजियों के खिलाफ आग लगाना है। यद्यपि समझदार आदमी इन चालाकियों को समझते हैं, किन्तु तब भी बहुत से ऐसे मिल जाते हैं, जिन पर हिन्दुओं को रसातल भेजने वाले इस पुरोहित समाज का जादू चल जाता है। इससे हिन्दुओं की संघ-शक्ति कमजोर हो रही है। बड़े अफसोस की बात तो यह है कि जो लोग यहाँ अपने आपको सनातन-धर्मी पुरोहित कहते हैं उनके आचार-विचार, वेशभूषा ऐसे हैं कि उधर बिहार में तो कोई अपना लोटा भी उन्हें पानी पीने के लिए नहीं देगा। उदाहरणार्थ यहाँ मुर्गी का मांस और अंडा आम तौर पर खाते हैं। जूता पहने हुए वे एक जगह से रोटी-दाल ले जाकर 20 कोस पर खा सकते हैं। शादी-विवाहों में रसोई बनने का भार नाई राजा और उसकी रानी पर रहता है। कहार और नाई आम तौर पर रोटी बनाने वाले बाबाजी इधर है। खेती-पेशा ब्राह्मण गदहे और खच्चर आम तौर से पालते हैं और उन पर चढ़ते हैं। हल चलाने की तो कोई बात ही नहीं। मुसलमानों की तरह हिन्दू भी मूँछुकटी हुई दाढ़ी रखते तथा पक जाने पर मेहँदी से रँगते हैं। हिन्दू औरतें भी मुसलमान स्त्रियों की भाँति कितनी ही चाँदी की बालियाँ कानों में पहनती हैं, सलवार (एक तरह का पायजामा) और घंघरी भी पहनती हैं। दरअसल इधर हिन्दू-मुसलमान की वेश से पहचान बहुत मुश्किल है। इन अवस्थाओं में पाठक स्वयं समझ सकते हैं कि एक बिहारी कट्टर सनातनी इन्हें देखकर कब सनातनी मान सकता है। वह तो साफ कह देगा, तुम तो आर्यसमाजियों से भी बदतर हो लेकिन तब भी सनातन धर्म के नाम पर ये पुरोहित लोग हिन्दुओं में फूट डाल रहे हैं। टका तेरा बुरा हो, तू ही इन सब खुराफातों की जड़ है। यदि आज आर्य-समाजियों ने लोगों में पाठशाला, अनाथालय, स्कूल और कालिजों के लिए रुपये दान लेने का न प्रचार किया होता और यह सारा दान पुरोहितों ही की जेबों में जाता तो आज इस विरोध का कहीं पता भी नहीं होता। लेकिन अच्छा यही है कि सभी सनातन धर्मी इस बहकावे में नहीं आए हैं। अँगुलियों पर नाचने वाले लोग बहुत ही थोड़े हैं।

यद्यपि हिन्दू अब भूमि खरीद नहीं सकते, लेकिन पहले की भूमियाँ इनके पास काफी हैं, तो भी ये स्वयं खेती नहीं करते, और लाचार होकर मुसलमान काश्तकारों को देना पड़ता है। जमीन की पैदावार में दो-तिहाई काश्तकार का होता है, और एक-तिहाई खेत के मालिक का। सरकारी लगान, कुएँ की मरम्मत, सिंचाई का सामान काश्तकार के रहने के लिए घर—यह सब खर्च जमींदार के जिम्मे है। खेत के मालिक को एक-तिहाई भी नहीं मिलता। एकाध बोघा खेत काश्तकार को मुफ्त भी देना पड़ता है। इसमें वह तरकारी-भाजी पैदा करता है तथा बैलों के चारे का इन्तजाम करता है। मजदूर रखकर काम करवाने के लिए गाँवो में भी 10-12 रुपये महीने देने पड़ते हैं। घर जलाने की लकड़ी तथा तरकारी मुफ्त और जलपान के लिए रोटी भी। इन सारे कामों के लिए हिन्दू मुसलमानों पर निर्भर हैं।

इस जिले में दो अछूत (ओड, और एक और) जातियाँ भी हैं, जिनकी संख्या 20-25 हजार है। आर्यसमाजी उनकी दशा सुधारना चाहते हैं, लेकिन पुराने दकियानूसी खयाल वाले न सिर्फ यही कि कार्य में सहानुभूति नहीं प्रकट करते, बल्कि उल्टा रोड़ा अटकाते हैं। इन जिलों के हिन्दू प्राय: सभी महाजनी या दूकान का काम करते हैं। हिन्दुओं में खत्री, दखिनी (रोडा या अराडो), उत्तराधी (कायस्थ), मोहियाल (भूमिहार ब्राह्मण) ब्राह्मण ही अधिक हैं। वे सभी जातियाँ 'कराल' का काम करती हैं। कराल यहाँ दूकानदार को कहते हैं। बड़े-बड़े गाँवों में भी एकाध कराल होता है, जिसका अस्तित्व वहाँ के नम्बरदार की कृपा पर निर्भर है। एक हिन्दू डॉक्टर मुझे एक दिन की घटना बतलाने लगे। वे किसी रोगी को देखने एक गाँव गए थे। वहाँ के मुसलमान नम्बरदार के घर में कोई बीमार था। नम्बरदार ने हिन्दू दुकानदार के पास आदमी भेजा कि जल्दी लोटे में पानी और मीठा लेकर आओ। दूकान में गाहकों की भीड़ थी और दूकानदार जल्दी न आ सका। इसके लिए नम्बरदार ने उसको जूते लगाए और गालियाँ दीं। तारीफ तो यह कि दूकानदार का उसके ऊपर हजार-बारह सौ का कर्ज भी था।

कब्र-पूजा यहाँ बढ़े जोरों पर है। मुसलमान औरत-मर्द तो करते ही हैं, हिन्दू भी इसमें उनसे कम नहीं हैं। वैशाखी (मेषसंक्रान्ति) के समय सखी-सखर

पीर की कब्र पर कई हजार हिन्दू स्त्री-पुरुष पहुँचते हैं। कोई लड़के के लिए, तो कोई बीमारी से मुक्त होने के लिए पहुँचता है। मुसलमान मुजावर (पंडे) सैकड़ों की तादाद में वहाँ पर रहते हैं। हिन्दुओं की बड़ी दुर्गति होती है। पानी की कमी की वजह से यहाँ पानी बिकता है। भिस्ती के घड़ों का जूठा पानी पीना यहाँ के पुरोहित सनातन धर्म कहते हैं। हिन्दुओं के मुंडन और जनेऊ आदि भी ऐसी ही कब्रों पर होते हैं।

सीमान्त की सैर

भारत में 'सिन्धु' और 'ब्रह्मपुत्र'—ये दोनों सबसे बड़े नद हैं। यद्यपि ये दोनों ही तिब्बत में पास ही पास से निकलते हैं, तथापि जहाँ हिमालय के नीचे उतरते ही ब्रह्मपुत्र को आसाम जैसा प्रदेश मिलता है (जहाँ प्रतिवर्ष सैकड़ों इंच वर्षा होती है), वहाँ सिन्धु को हिमालय छोड़ने पर हजारा-जिला से लेकर सिन्धु-प्रान्त तक (जहाँ कि वह समुद्र से मिलता है) ऐसे देशों से होकर गुजरना पड़ता है, जहाँ कि प्रतिवर्ष एक डेढ़ इंच से ज्यादा वर्षा शायद ही कभी होती हो। वहाँ वर्षा का जल इतना कम होता है कि छत से नीचे कभी ही टपकता हो। देहात में लोगों के मकान या तो फूस के होते हैं या कच्ची मिट्टी की छतों वाले। मुलतान से मुजफ्फरगढ़ तक, देरागाजीखाँ से देरा इस्माइलखाँ तक, आदमी जिधर देखता है, उधर बालुओं की ढेर वाली भूमि, गर्मी के दिनों में गोंडा जिले (यू. पी.) के सरयू के किसी दियारे का स्मरण दिलाती है। बीच-बीच में 'झाऊ' की शकल का 'फराश' वृक्ष भी उसी तरह होता है। इन मरु जंगलों में जगह-जगह कितने ही ऊँट भी खुले हुए चरते दिखाई पड़ते हैं। इनके खाने के लिए काँटोंवाले वृक्ष भी मिलते हैं। यद्यपि वृष्टि इतनी कम होती है, तथापि सिन्धु नद की दया से दस-पन्द्रह हाथ खोदते ही कुओं में पानी निकल आता है। बहुत-से भू-भागों को साल के छह (गर्मी वाले) महीने नहरें भी सिंचित करती हैं। इन कुओं पर रहट (घटी-यंत्र) लगे रहते हैं। तेली के कोल्हू की तरह जितनी दूर में चलानेवाले बैलों की जोड़ी घूमती है, उसके ऊपर अक्सर

फूस की छत पड़ी रहती है, जिससे बैलों और आदमियों को धूप का कष्ट नहीं होता। तेली के कोल्हू की तरह इसमें भी हाँकने वाले आदमी के बैठने के लिए जगह रहती है। कुएँ प्राय: रात-दिन चलते रहते हैं। इस प्रकार प्रत्येक कुएँ के आसपास कई बीघे जमीन हरी-भरी दिखाई पड़ती है।

100 मील चौड़े हिमालय के चरण से समुद्र-तट तक फैले हुए सिन्धु के आसपास का भूभाग एक बड़ा ही विचित्र देश है। किसी समय यहाँ आर्यों की सभ्यता के गढ़ थे। ऋषि लोग पूत-सलिला सिन्धु के तट पर अपने यज्ञ-यागादि का अनुष्ठान करते, वेदों का गान करते थे।

लेकिन कालचक्र भी कितना प्रबल है। यद्यपि आज भी इस प्रदेश में उन प्राचीन आर्यों की सन्तान ही बस रही है, तथापि उन्होंने एक ऐसे धर्म को स्वीकार किया है जिसकी वजह से वे अपने पूर्वजों को स्वीकार करने से इनकार करते हैं। उनके लिए वे आर्य-पूर्वज और उनकी सभ्यता के प्रत्येक चिह्न घृणा की वस्तु हैं। वे स्वप्न में भी यह खयाल नहीं करते कि हमारे पूर्वज एक ऐसी सभ्यता के धनी थे—एक ऐसे साहित्य के स्वामी थे, जिसको देखकर सभी निष्पक्ष समालोचक हृदय से उनका सम्मान करने को तैयार हैं। यूरोप की जातियाँ भी तो हैं, जिनके पूर्वज पूर्वकाल में जंगली जीवन व्यतीत करते थे; किन्तु आज भी उनकी सन्तान उन्हें इनकार नहीं करती। लेकिन क्या इस धर्म परिवर्तन ने, लाखों के इस्लाम स्वीकार करने पर, इनके जीवन में किसी प्रकार का सौन्दर्य पैदा कर दिया? नहीं। यह बात तो बिलकुल स्पष्ट ही हो जाती है, अगर कोई आदमी फाहियान और ह्यूनसांग के यात्रा विवरणों में इन प्रान्तों का वृत्तान्त एक बार पढ़कर फिर इन लोगों को ध्यान से देखे। जहाँ पाँचवीं-सातवीं शताब्दियों में इन प्रान्तों के निवासी सभ्य, अत्यन्त कोमल स्वभाव, सत्यवादी, विद्याव्यसनी और कलाकौशल-प्रवीण थे, वहाँ आज उनकी सन्तान क्रूर, झूठी, मूर्ख और दुर्व्यसनी देखने में आती हैं। इस्लाम को शायद गर्व हो कि वह मूर्तिपूजा जैसी बुद्धिहीनतापूर्ण पापमयी प्रथा की जड़ काटने में समर्थ हुआ; लेकिन इन प्रान्तों को एक बार भी देखने वाला कह सकता है कि इस्लाम ने कम-से-कम यहाँ के लोगों से मूर्तिपूजा कदापि नहीं छुड़वाई। फर्क सिर्फ मूर्तियों के आकार का है। जहाँ हिन्दुओं की मूर्तियाँ कलापूर्ण,

भिन्न-भिन्न मनुष्यों और जानवरों की शकल की थीं, वहीं इनकी मूर्ति चौकोर, ऊपर स्तूपाकार, तीन-चार-पाँच हाथ लम्बी कब्रों का है। इनके ऊपर वस्त्र और मिठाइयाँ भी चढ़ती हैं। लोग हाथ भी जोड़ते हैं, प्रार्थनाएँ भी करते हैं, लड़के-लड़कियाँ भी माँगते हैं, मुंडन भी कराते हैं। काशी-गया की तरह सखी-सर्वर आदि कब्र-तीर्थों पर भी सैकड़ों मुसलमान पड़े मुजावर के रूप में हैं, जिनके पास बही-खाते भी हैं और यात्रियों की छीना-झपटी भी होती है। ऊँटों की तरफ लटकती हुई काठी पर चार-चार स्त्री-पुरुष इन दूर-दूर के तीर्थों की यात्रा करते हैं। इनके कण्ठ में विन्ध्येश्वरीदेवी की भाँति हरे कपड़े की चीर बँधी रहती है। इन मुसलमानी तीर्थों में हिन्दू भी बड़ी उदारता से सम्मिलित होते हैं। इनके जनेऊ, मुंडन आदि संस्कार भी अक्सर पीरों के पास सम्पन्न होते हैं।

इधर रेलों में यात्रा करते वक्त अक्सर रात को सिपाही आकर आपसे कहता रहेगा—होशियार रहना। चोरी होने का डर है। मुलतान के पास महमूद-कोट से रेल सिन्धु का साथ पकड़ती है और तब तक साथ नहीं छोड़ती, जब तक अटक में पुल से वह उसके पार नहीं जाती। मियाँवाली के दक्खिन, रेल पर से, सिन्धु के पश्चिमी तट के पहाड़, क्षितिज पर छोटे काले बादलों की तरह, दिखाई देते हैं। मियाँवाली के बाद पूरब की तरफ भी पहाड़ शुरू हो जाते हैं। इन प्रदेशों में शहरों में सिर्फ थोड़े से हिन्दू रहते और तिजारत करते हैं। देखने में भी ये लोग मुसलमानों से निर्बल मालूम होते हैं; लेकिन आर्थिक अवस्था इनकी अच्छी है।

पेशावर प्रायः एक लाख की बस्ती का शहर है, जिसमें सिर्फ नौ हजार हिन्दू हैं। कहने को इधर अंग्रेजी राज्य है; लेकिन हिन्दुओं के लिए तो यहाँ बिलकुल मुसलमानी राज्य ही है। ऐसेम्बली में सीमा-प्रान्त के सुधार सम्बन्धी प्रस्ताव के पास हो जाने पर तो कितने ही मुसलमान कहने लगे हैं कि हिन्दुओं और सिक्खों को यहाँ से बोरिया बँधना समेटकर चल देना होगा।

अटक पर सिन्धु नदी पार करके रेल सीमा-प्रान्त में घुसती है। यहाँ चारों तरफ वनस्पति-शून्य पहाड़ ही दिखलाई पड़ते हैं। कई सुरगों को पार कर रेल पेशावर-उपत्यका में पहुँचती है। यह प्रदेश जाड़े में बहुत सर्द रहता है।

रात के वक्त छत पर थाली में यदि पानी रख दिया जाए तो वह जम जाता है। मिट्टी अधिकतर लाल है। नहरें भी जगह-जगह बहती है। अप्रैल के प्रथम सप्ताह में यहाँ की फसल की दशा वैसी होती है, जैसी बिहार में जनवरी के प्रथम सप्ताह में। देहातों के मकान कच्ची मिट्टी के होते हैं, छतें भी कच्ची मिट्टी की होती हैं। गाँवों में एकाध ऊँची अट्टालिकाएँ होती हैं, जो अधिकतर मोर्चाबन्दी के खयाल से हैं। वैसे तो यहाँ भी हथियारों का कानून है, लेकिन उनसे सिर्फ प्रकट हथियार रखना ही रुक सका है। नहीं तो आग्नेय अस्त्र यहाँ प्रायः सबके पास होते हैं। पेशावर के पास की भूमि उर्वरा मालूम पड़ती है। इधर बगीचे लगाने का बड़ा शौक है। दूर-दूर तक बगीचे लगे चले गए हैं। इनमें तरह-तरह के अंगूर, अनार, नार्के, नासपाती, नारंगी, खूबानी, बादाम, शहतूत आदि के लता-वृक्ष लगे हुए हैं। पेशावर का गन्ना भी बहुत मशहूर है। आम तौर पर दिल्ली से पश्चिम गँडेरियों का देश है। पंजाब के सभी शहरों में गँडेरियाँ बेचनेवाले वैसी ही अधिकता से मिलते हैं, जैसे पूर्व में पान वाले। गँडेरियों के चूसने का रवाज स्त्री-पुरुष सभी में है। पेशावर में तो किसान फसल के बाद भी अपने-अपने खेतों में मिट्टी के नीचे गन्ने को ढककर उसी तरह हिफाजत से रखते हैं, जैसे तम्बोली पान को।

पेशावर शहर स्टेशन से दूर है। स्टेशन पर उतरते ही पुलिस पीछे पड़ जाती है और बिना वल्दियत-सकूनत बताए जान नहीं छोड़ती। यात्री को यही मालूम होता है कि हम एक दूसरे लोक में चले आए हैं। रात के वक्त स्टेशन से शहर जाना बहुत खतरनाक है। रात वाले यात्री पेशावर-छावनी पर उतरा करते हैं। कितनी ही बार ताँगों के घोड़ों को गोली से मारकर मुसाफिर लूट या पकड़ लिए गए हैं। शहर में प्रवेश करने के लिए दरवाजे हैं जो रात को बन्द हो जाया करते हैं। हर एक दरवाजे पर पुलिस की सशस्त्र चौकी है। कई में एम्बूलेंस का भी इन्तजाम है। सिपाहियों की वर्दियाँ पंजाब की सी हैं। सुरक्षा के लिए शहर से जानेवाली सड़कों पर भी कँटीले फाटक लगे हुए हैं। रास्तों की बगल में कँटीले तारों का घेरा है। ये कँटीले तार तीन-चार हाथ के अन्तर से दुहरी पंक्तियों में हैं, जिनकी बीचवाली फाँक में भी कँटीले तार उलझाये हुए हैं। यह किस लिए? लुटेरे पठानों से बचने के लिए।

पेशावर की एक लाख की आबादी में दस हजार से ज्यादा हिन्दू न होंगे, लेकिन हैं ये बड़े-बड़े व्यापारी, साहूकार, ठीकेदार। कुछ दफ्तरों में भी नौकर हैं। सनातन धर्म-स्कूल और नेशनल (आर्य) स्कूल के अतिरिक्त तीन-चार और भी स्कूल हैं। लेकिन पढ़ने का शौक शहरों ही तक परिसीमित है।

कोहाट—पेशावर से कोहाट 40 मील से कुछ ही ऊपर होगा। दिन के वक्त लारियाँ तथा मोटरें बराबर किराये पर जाया करती हैं। पेशावर से 10-12 मील के बाद ही खेतों में फसल दुर्बल मालूम होने लगती है। बीच-बीच में सड़क पर मोर्चाबन्द सरकारी सशस्त्र पुलिस-चौकियाँ हैं। सड़क अच्छी है। बीच में कितने ही गाँव पड़ते हैं। लड़के अच्छे, गोरे तथा हट्टे-कट्टे होते हैं, लेकिन कपड़े बहुत ही मैले-कुचैले। स्त्रियों के कपड़े रंग-बिरंगी गुदरियों के से होते हैं। इन पठानियों में बुर्का का पता नहीं। नीचे पायजामा, ऊपर घुटनों तक का घाँघरेदार-सा जामा या कुर्ता होता है और सिर पर ओढ़नी। स्नान की तरह ही इनके बाल भी शायद साल भर में एकाध बार ही धोये-गूँथे जाते होंगे। इन गाँवों में गदहे, मुर्गे, कुत्ते ही अधिक दिखलाई पड़ते हैं।

गैर इलाका— 19-20 मील के बाद अन्तिम चौकी मिलती है, जहाँ का साइनबोर्ड बतलाता है—

"Trible territory go carefully" यहाँ से स्वतंत्र सरहदी जातियों का प्रदेश शुरू होता है। सड़क ऊँचे-नीचे नालों को पार करती हुई आगे बढ़ती है। खेतों की फसल की अवस्था यह है कि जहाँ पेशावर के पास कमर और छाती तक के गेहूँ थे, वहाँ यहाँ एक बालिस्त के छोटे-छोटे दूर-दूर उगे पौधे हैं। एक बीघे में मुश्किल से एक मन अनाज होता होगा। लेकिन साथ ही आबादी कम नहीं। मील भर के भीतर ही सड़क पर दो-दो, तीन-तीन तक छोटे छोटे गाँव मिले। इस प्रदेश में घुसते ही आदमी बिना बतलाए ही समझ जाता है कि हम किसी दूसरे देश में आ गए हैं। प्रत्येक गाँव में सड़क के किनारे पचीसों पठान अपनी-अपनी बन्दूकें लिए रमजान के महीनों में मिलेंगे। अपनी खेती देखने के वक्त भी पठान के पीठ पर बन्दूक जरूर रहेगी। बन्दूकों की अधिकता इतनी है, जितनी लठधर कौमों में लाठियों की भी नहीं। सड़क के पास भी बन्दूकों के बनाने के कारखाने हैं। मैंने अपने साथी से पूछा—"ये बन्दूकों को इतनी

अनिवार्यता के साथ क्यों रखते हैं?" उसने मुझे बतलाया—"इनमें आपस में भी बड़ी दुश्मनी रहती है, जिसकी वजह से कोई अपने को सुरक्षित नहीं समझता। देखते नहीं प्रत्येक गाँव में किलेबन्दी है; दरवाजे बड़े मजबूत हैं। जगह-जगह (दीवारों में) बन्दूक चलाने के सुराख बने हैं।"

ये जातियाँ बराबर एक-दूसरे से लड़ती रहती हैं। इसीलिए कोई भी आदमी अपनी जान की खैरियत नहीं समझता। ये लोग लूट-मार करना अपना कर्तव्य समझते हैं, यह बात बड़ी आसानी से समझ में आ जाती है, यदि इनकी धार्मिक शिक्षा और ऐतिहासिक भावों के अतिरिक्त हम इनके गाँवों की आसपास की भूमि को देखें, जिनमें एक बीघे में एक मन भी अन्न पैदा होना कठिन है। लूट-मार से मिले मुफ्त के माल के कारण परिश्रम करने में शायद इनकी तबीयत भी नहीं लगती। यही वजह है, जहाँ इसी उपत्यका में पेशावर के पास 10 मील तक खेती बहुत ही जोरदार दिखाई पड़ती है, वहाँ इधर की दशा इतनी बुरी है।

कोहाट—गैर इलाके के अन्त में सड़क पहाड़ियों पर साँप की तरह चढ़ती मालूम होती है। इन पहाड़ियों से उतरकर थोड़ी ही दूर पर कोहाट का शहर है। इसके पश्चिम और उत्तर की दिशाओं में कुछ दूर पर नंगी पहाड़ियाँ हैं। कोहाट में रेलवे स्टेशन भी है और फौज की छावनी भी। इस नगर में आबादी अधिकतर मुसलमानों की है। कोई चार हजार के करीब हिन्दू होंगे। शहर के भीतर घुसने के लिए दरवाजे हैं। पानी के लिए नल लगे हुए हैं। मुख्य बाजार में हिन्दुओं की दुकानें अधिक हैं। लेकिन पिछले उपद्रव के बाद अब हिन्दुओं की वह समृद्धि जाती रही। आज उन भीषण घटनाओं को हुए वर्षों हुए; किन्तु अब भी उसके चिह्न बिलकुल कल के से प्रतीत होते हैं—खासकर गदुम-मंडी के आसपासके महल्ले तथा कराड (हिन्दू) महल्ले की, जहाँ पर अब भी अधिकाश मकान जलकर गिरे हुए हैं। मकानवालों के पास इतना रुपया नहीं कि उन्हें बनवावें। जो थोड़ा-सा रुपया गवर्नमेंट ने ऋण के तौर पर उन्हें दिया है उससे उन्हें पहले रोटी का सवाल हल करना है। बिसातखाना, मनिहारी, हलवाई, अनाज, कपड़ा आदि की ही दुकानें अधिकतर हिन्दू करते हैं। दो वर्ष ही पूर्व जो हिन्दू लाखों के मालिक थे, आज वे दूसरों की कृपा पर निर्भर हैं। जगह-जगह मकानों के जगलों में जली हुई काली लकड़ियों का टुकड़ा दिखाई पड़ता है।

इधर पंजाब में ईंट के मकानों में भी लकड़ी बहुत लगाते हैं। केवल लकड़ी की कड़ियाँ और दरवाजों पर ही सन्तोष न कर छतों के पाटने तथा मकान के अनावश्यक श्रृंगारों के लिए भी बहुत-सी लकड़ी लगाते हैं।

पिछले अवतरण में मैंने पंजाब के पश्चिमी जिलों तथा सीमा-प्रान्त-के हिन्दुओं की दुर्दशा का वर्णन किया था। किन्तु वस्तुतः वहाँ की अवस्था इतनी शोचनीय है कि बिहारी पाठक शायद उसका अनुमान भी न कर सकेंगे। यह तो पहले ही बतला चुका हूँ कि इधर हिन्दू अधिकतर शहरों और कस्बों में रहते हैं। और, वहाँ भी वे दस-पन्द्रह सैकड़े से ज्यादा नहीं हैं। हिन्दुओं को सर्वत्र मुसलमानों की दया पर ही आश्रित रहना पड़ता है। पेशावर शहर में भी मुसलमान ताँगे वाले हिन्दुओं को 'हिन्दू काफिर' कहकर ही साधारणतया सम्बोधन करते हैं।

पेशावर से रेल की एक लाइन दर्रा खैबर पार करती हुई काबुल की सीमा के पास लंडीखाना तक चली गई है। लेकिन अभी गाड़ी लंडी-कोतल तक ही जाती है। वहाँ से सीमा 4-5 मील रह जाती है। पेशावर-छावनी से दूसरा स्टेशन इस्लामिया कालेज है। मुसलमानी शिक्षा प्रचार के उद्देश्य से इस कालेज को गवर्नमेंट ने स्थापित किया है। शहर से दूर, बस्तियों से दूर इस कालेज और इसके बोर्डिंग की भव्य और विशाल इमारतें दिखाई पड़ती हैं। यहाँ से दूसरा स्टेशन जमरूद है।

जमरूद में फौजी छावनी और राजा हरिसिंह नलवा का किला है। राजा हरिसिंह, महाराजा रणजीतसिंह के सेनापति थे। सीमा-प्रान्तीय पठान इतने निर्भीक हैं कि उनका लोहा एक तरह से अंग्रेजी गवर्नमेंट भी मानती है। वह भी हरिसिंह नलवा से कितना भय खाते थे, यह पठानी माताओं के एक वाक्य से स्पष्ट होता है। वे कहती हैं, "चुपशो, हरिया रागले!" (चुप रह, हरि आ रहा है)। सच बात तो यह है कि पठान जितने सिक्खों के शासन में शान्त प्रकृति के थे, उतने अब नहीं हैं। गवर्नमेंट की पालसी उन्हें कुछ दे-दिवाकर राजी रखने की है, जिससे उनका उत्साह और बढ़ जाता है। एक मर्मज्ञ पुरुष बतला रहे थे, किस तरह एक पठान मालिक या खान (पठानों का सरदार) एक तरफ गवर्नमेंट-कर्मचारी को अपनी खैरख्वाही दिखलाता रहता है और दूसरी तरफ

किसी पर्वत की आड़ में कितने ही सशस्त्र पठानों को जमा करा देता है। पीछे साहब को कहता है—"देखो साहब, यहाँ भूखे लोग लड़ाई, लूट-पाट के लिए इकट्ठे हो रहे हैं। अब मेरे बस की नहीं।" साहब किसी तरह अनुनय-विनय कर उन्हें वापस जाने के लिए कहते हैं। अन्त में कुछ रुपया देकर उन्हें उक्त काम से बाज रखने का प्रत्यन किया जाता है। आधा रुपया खान की जेब में जाता है और आधे में दस-दस, बीस-बीस रुपया औरों की। इस तरह मुफ्त का रुपया मिले तो कौन परिश्रम का काम करे! इन लोगों में मर्द सिर्फ शिकार और लड़ाई का काम करते हैं। ये हर वक्त कंधे पर बन्दूक लटकाये, कारतूसों की माला पहने इधर-उधर घूमते अथवा सोते रहते हैं। पर बाहर का सारा काम स्त्रियों को करना पड़ता है। वही खेत में काम करती हैं, लकड़ी काट लाती हैं, पानी भरती हैं, जनवरों के लिए चारा-वारा आदि का प्रबन्ध करती हैं।

जमरूद से थोड़ी ही दूर से पहाड़ और दर्रा ख़ैबर शरू होता है। ये सारी पहाड़ियाँ सूखी हैं। वृक्ष कहीं-कहीं, वह भी सूखी कँटीली झाड़ियों के एक छोटे से झुरमुट से दिखाई पड़ते हैं। पत्थरों में पुराने संगखोरे वाली चट्टान कदाचित ही दिखलाई पड़ती है। प्राय: 30 मील की इस खैबर लाइन पर गवर्नमेंट ने, सुना है, साढ़े चार करोड़ रुपया व्यय किया है। ठेके का काम भी पाठानों ही के हाथों में दिया गया था। प्रत्येक पठान मजदूर एक रुपया रोज पाता था। इस प्रकार प्रलोभन आदि के सहारे यह छोटी-सी लाइन तैयार की गई है। जगह-जगह पहाड़ी सुरंगों में से लाइन गई है। कई जगह वह चक्कर काटती हुई पर्वत-पृष्ठ पर पहुँचती है। मार्ग में खैबर के अन्दर एक पीली मस्जिद है, जिसे अलीमस्जिद कहते हैं। मुसलमानों में किंवदंती है कि खैबर फतह करते हुए हजरत मुहम्मद साहब के दामाद अली ने यहीं आ कर नमाज पढ़ी थी। इन पहाड़ियों में जगह-जगह फौजी चौकियाँ हैं। लडीकोतल की छावनी में गोरखा, राजपूत, गोरा और पंजाबी ये चार पलटनें रहती हैं। बस्ती अभी नई-सी है। जल कल और बिजली का प्रबन्ध है। यहाँ बीच में लम्बी-चौड़ी मैदानी भूमि भी है। काबुल की सीमा बिलकुल चार-पाँच मील के फासले पर है। यह कहने की जरूरत नहीं कि धीरे-धीरे यहाँ की छावनी एक मजबूत रूप धारण करेगी। सभी इमारतें अस्थायी हैं। छावनी की सीमा के चारों ओर कँटीले तारों

की दोहरी पंक्ति है, जिसके बीच में उलझाये तारों की छोटी-सी दीवार-सी चली गई है। प्रत्येक सड़क पर ऐसे ही कँटीले तारोंवाले फाटक लगे हुए हैं। रात को वे बन्द कर दिये जाते हैं। यह सारा प्रबन्ध उपद्रवी पठानों के डर से किया गया है। लडीकोतल एक तरह की पहाड़ों-सी घिरी समान भूमि के ऊपर है। इन पहाड़ियों पर हर जगह फौजी चौकियाँ हैं। लडीकोतल में पहले सिर्फ एक छोटा-सा किला ही था, लेकिन पिछली लड़ाई के बाद एक अच्छी छावनी बन गई है। यहाँ से आगे सीमा तटवर्ती लडीखाने तक भी रेलवे लाइन चली गई है। किन्तु सुरंगें कुछ खराब हो गई थीं, इसलिए अभी रेल वहाँ तक नहीं जाती।

लडीकोतल से चार-पाँच मील पहले ही से, सड़क के किनारे, एक छोटी-सी पहाड़ी पर पत्थर का एक बौद्ध स्तूप है। अभी इसका कोई-कोई भाग सुरक्षित है। किसी समय यह—जो अब दूर से ईंटों का ढेर सा मालूम होता है—हजारों यात्रियों का पूज्य स्थान था। दर्रा खैबर पार करते हुए चीनी यात्री फाहियान और ह्यूनचांग भी यहाँ ठहरे होंगे। अवश्य ही उस समय यहाँ एक संघाराम भी रहा होगा, जिसमें अनेक तपस्वी विद्वान् बौद्ध भिक्षु रहते होंगे। वे अहर्निश अपने चारों ओर अहिंसा, भूतदया और प्रेम के साथ विद्या की किरणें फैलाते रहे होंगे। किन्तु काल की गति भी कैसी विचित्र है! आज उनके वंशज, जो किसी समय भारतीय संस्कृति के गौरवस्तम्भ थे, मूर्खता और क्रूरता की मूर्ति बन गए हैं। जगह-जगह गाँव हैं, उनके आसपास गेहूँ के खेत हैं। गाँवों में अलग-अलग घर नहीं दिखाई पड़ते। सभी एक चहारदीवारी के घेरे के अन्दर हैं। इस चहारदीवारी में भीतर से गोली चलाने के लिए छिद्र बने हुए हैं। प्रत्येक बस्ती में एक या दो ऊँचे-गोले, छोटे कुओं के से मीनार हैं। ये सभी इमारतें कच्ची हैं। मकानों की छतें भी कच्ची मिट्टी की हैं। मीनारों पर खासतौर से मोर्चेबन्दी शत्रुओं से बचने के लिए की गई है।

ये पठान हर वक्त एक-दूसरे से लड़ते रहते हैं। जब इन्हें आपस में लड़ने का काम नहीं रहता तब इधर-उधर जाकर लूटमार करते हैं, इक्के-दुक्के आदमियों को पकड़कर ले जाते हैं, उनके हाथों पर चारपाई का पैर रखकर सोते हैं, नखों में फाँस ठोक देते हैं, सर्दी के दिनों में रातों ठंडे पानी में रखते हैं, इसी तरह के और भी नाना भाँति के दुख देते हैं। सम्बन्धियों के नाम पूछते हैं।

फिर उनके पास लिख भेजते हैं—'इतने रुपये हमारे पास भेज दो तो हम तुम्हारे आदमी को छोड़ देंगे!' सीमाप्रान्तीय अंग्रेजी, गैर-अंग्रेजी दोनों ही पठान सामान्यत: यही लूट-मार का जीवन व्यतीत करते हैं। हिन्दुओं को ही अधिकतर इनका लक्ष्य होना पड़ता है। कोई दस-ग्यारह वर्ष का वृत्तान्त है, एक मालदार हिन्दू (जो पेशावर शहर में रहता था) के घर के सामने वाली मस्जिद में बहुत से खच्चरों और घोड़ोंवाले बाराती आ गए। थोड़ी ही देर बाद साहूकार का मजबूत दरवाजा तोड़ा जाने लगा। उसमें सफलता न हुई तब सीढ़ी लगाकर ऊपर चढ़ गए। मकानवाले अपना बही-खाता लेकर छत के ऊपर से ऊपर ही दूसरे मकान में चले गए। गलियों में डाकुओं का पहरा था। थोड़ी ही देर में घर का सब माल-धन खच्चरों पर लादकर डाकू रवाना हो गए! पठान वस्तुत: खेती करने में मन नहीं लगाते। जो खेती होती भी है उसमें भी उनकी स्त्रियों का हाथ अधिक है। अधिकतर लूटमार और गवर्नमेंट की भेंट पर ही गुजर करते हैं। पिछले दिनों जब खैबर-लाइन पर प्रत्येक पठान रोज, कम से कम, एक रुपया कमाता था, तब यह लूट-मार बहुत हद तक कम हो गई थी। मैंने एक आदमी से कहा—"इन पठानों के पास साढ़े चार करोड़ में से दो करोड़ रुपया जरूर चला गया होगा। वे इससे बहुत दिनों तक सुखी रह सकेंगे।" उन्होंने बतलाया—"यह रुपया अधिकतर तो बड़े-बड़े मालिकों के पास पहुँचा है। वही लाइन बनवाने के ठेकेदार रहे हैं। लेकिन रुपया क्या बहुत दिनों तक रह सकता है? उसको किसी व्यवसाय में तो वे लगावेंगे नहीं। बस, सिर्फ फिजूल खर्च करेंगे। देखते नहीं, ये लोग कितनी मोटरें उड़ा रहे हैं! बराबर कवाब और दावतें उड़ रही हैं। बरस-छह महीने में सब ले-दे बराबर हो जाएगा। उसके बाद फिर वही गुदड़ी!"

पिछले दिनों जमरूद के पास दो फिर्कों में लड़ाई हो पड़ी। मोर्चों से एक-दूसरे पर गोली बरसाने लगे। यह युद्ध कितने ही समय तक जारी रहा। पास ही सरकारी छावनी थी। उनकी गोलियाँ वहाँ तक पहुँचने लगीं। एक-दो सिपाहियों की टाँगें भी टूटीं। इस पर ब्रिटिश गवर्नमेंट ने दोनों पक्ष वालों में सुलह कराने का प्रयत्न आरम्भ किया और अन्त में उनकी प्रथा के अनुसार मुल्ला ने दोनों के बीच में, सात वर्ष के लिए, पत्थर लाकर रख दिया।

अब लड़ाई, सात वर्ष के लिए, बन्द हो गई है। सात वर्ष बाद यह सेतु फिर टूटेगा!

लडीकोतल से चार मील और आगे, लंडीखाने के पास, 'काफिरकोट' है। यह जगह एक पहाड़ी पर है। यहाँ बौद्ध काल के पत्थर में कटे हुए मनोहर ध्वंसावशेष है। आज ऐसी पवित्र जगहों को जो कभी शत-शत यात्रियों के लिए श्रद्धा का स्थान थीं, उनके ही वंशज मुसलमान 'काफिरकोट' के समान घृणास्पद शब्द से स्मरण करते हैं! लेकिन क्या इनकी अवस्था अपने पूर्वज 'काफिरों' से अच्छी है! इस्लाम ने इन्हें क्या प्रदान किया है? क्या इस्लाम ने इनसे बुत-परस्ती (मूर्तिपूजा) हटा दी? वह तो अब भी वैसी ही है। अन्तर इतना ही है कि जहाँ वे पहले छोटी-छोटी मूर्तियों को पूजते थे, अब चार-चार छह-छह हाथ लम्बी कब्रों को पूजते हैं। भारत में किसी भी जगह इतनी कब्र-पूजा नहीं है। प्रत्येक गाँव के पास एकाध कब्र ऐसी जरूर है, जिस पर बहुत-सी लाल, पीली, हरी झंडियाँ फहराती रहती हैं, जहाँ एकाध मलंग (फकीर) या मुजाबिर रहता है। उसका काम भूत, जिन्न दूर करना, गंडे-ताबीज बाँधना और लड़का-लड़की देना है! सच तो यह है कि अज्ञान और मिथ्या विश्वास यहाँ षोडश-कला से विराजमान है।

रेल की सड़क या पक्की सड़क के पास कितनी ही जगहों में पानीघर बने हुए हैं। पानी की इधर कमी है। सड़कों पर पठान कुलियों को, बन्दूक पीठ पर लटकाये देखकर, आपको आश्चर्य होगा। बन्दूक का जितना रवाज इनमें है, उतना तो कहीं डंडे-सोंटे का भी न होगा! प्रत्येक आदमी के हाथ या पीठ पर बन्दूक और गले में कारतूसों का यज्ञोपवीत दिखाई देगा! लडीकोतल से पेशावर छावनी तक की रेल मानो इनकी अपनी है! बिना टिकट के पठान ड्योढे दर्जे में बैठे रहते हैं! किस टिकट कलक्टर या स्टेशन मास्टर को अपने प्राणों से बैर है जो इन्हें छेड़े! बारबर मौज से ये सोये-बैठे चले जाते हैं। सड़क छोड़कर बाकी आसपास इन पठानों का राज्य है। वे कब गवारा करेंगे कि अंग्रेज उनकी भूमि में रेल चलावें और उनसे किराया भी वसूल करें। पहले लडीकोतल से पेशावर छावनी का किराया शायद डेढ़ रुपया रक्खा गया था, अब वह नौ आने कर दिया गया है। लेकिन ये नौ आने भी पंजाबी या दूसरे देशी ही देते हैं। पठानों की तो अपने घर की रेल है।

जमरूद से थोड़ा आगे चलकर दर्रा खैबर शुरू होता है। उसका मुख्य भाग लडीकोतल से कुछ पहले ही समाप्त हो जाता है। यह फासिला 20 मील का होगा। इसके दोनों ओर की वृक्ष और जल से हीन पथरीली पहाड़ियाँ अतीत की कहानियों को अब भी गुप्त रूप से, अपने अन्दर छिपाये हुए हैं। इसी रास्ते से अशोक के प्रचारक भारत से पश्चिम की ओर जाते रहे होंगे। अस्त्र-शस्त्र से सुसज्जित सेनाएँ, सूर्यवंश और चन्द्रवंश की ध्वजाएँ फहरातीं, इसी चिर-परिचित मार्ग से निकलकर कम्बोज, गान्धार, पारसीक, बाह्लीक में फैलती रही होंगी। दारा, सिकन्दर, कनिष्क, महमूद, चंगेज, तैमूर, नादिर और अहमद की सेनाओं ने इसी रास्ते से होकर भारत पर आक्रमण किया था। इसमें भी शक नहीं कि उस समय इन पर्वत मालाओं ने हमारी मदद करने में कोई भी कसर उठा न रक्खी होगी। किन्तु वे अकेली क्या करतीं, जब कि भारतीय आवस में कट-मर रहे थे। एक समय था, जब पटना के चन्द्रगुप्त और अशोक का झंडा 'काफिरकोट' की पहाड़ियों पर लहरा रहा था। उस समय यह भूमि देवताओं की भूमि थी। हर जगह प्रेम और भूतदया, ज्ञान और विज्ञान का साम्राज्य था; लेकिन अभागे गन्धार! अब तू लुटेरों, हत्यारों, मूर्खों और मिथ्या विश्वासियों का निवास स्थान है!

पेशावर से काबुल मोटर जाती है। लंडीखाना तक अंग्रेजी सड़कें हैं जो बहुत ही सुन्दर और पक्की हैं। उसके बाद अमीर का राज्य है, जहाँ सड़कें कच्ची और ऊबड़-खाबड़ हैं। अभी मोटरों से इस 70-80 मील की यात्रा को पूरा करने में दो दिन लगते हैं। लेकिन अब अमीर की तरफ से सड़क की सर्वे हो रही है। कुछ ही वर्षों में आगे की सड़क भी पक्की और प्रशस्त हो जाएगी। फिर पेशावर से काबुल सात-आठ घंटे का रास्ता रह जाएगा। लोग बड़े आराम से पहुँच जाया करेंगे। पहले काबुल के लिए पासपोर्ट की आवश्यकता न होती थी, किन्तु जबसे काबुल स्वतंत्र हुआ, तबसे उसका लेना जरूरी है और वह मिलता भी बड़ी कठिनाई से है।

अमीर अमानुल्ला वस्तुतः मुस्तफा कमाल के समान काम करने में सफल हुए होते, यदि उन्हें भी तुर्कों की सी कौम मिली होती। वे बराबर इसी प्रयत्न में थे कि अफगानिस्तान में विद्या और विज्ञान का खूब प्रचार हो जाए।

लोगों का मिथ्या विश्वास और धर्मान्धता दूर हो जाए। स्त्रियाँ विदुषी हों। सारे अफगानिस्तान निवासी, चाहे वे मुसलमान हों या हिन्दू, प्रेम के एक सूत्र में बँध जाएँ।

अफगानिस्तान में पहले जो हिन्दू मुसलमान होता था, उसे राज-कोष से कुछ पारितोषिक मिलता था, उसकी जजिया माफ हो जाती थी, उसे किसी खास प्रकार की पोशाक पहनने की आवश्यकता न रह जाती थी, लेकिन अब तो बात ही दूसरी है। अब हर एक अपने लिए अफगान लिखाता है, हिन्दू या मुसलमान नहीं। सबकी एक पोशाक और एक भाषा पश्तो है। जजिया आदि का नाम नहीं। हिन्दू-मुसलमानों के पृथक् स्कूल नहीं हैं, सब एक ही जगह पढ़ते हैं। जर्मनी पढ़ने के लिए गए लड़कों में अनेक हिन्दू अफगान भी हैं। अमीर हर तरह अपनी हिन्दू प्रजा को समान अधिकार देने के पक्ष में है। फौजी, मुल्की, सभी पदों पर वे हिन्दुओं को भी देखना चाहते हैं। किन्तु अफगानिस्तान के हिन्दू अभागे हैं। मूर्खतावश तरह-तरह के ढंगों से अपने लड़कों को उन स्थानों से हटाने की कोशिश करते हैं! उधर मुल्ला लोग भी हर वक्त कुफ्र का फतवा देने के लिए तैयार बैठे रहते हैं। इसीलिए अमीर को प्रत्येक सुधार में फूँक-फूँककर पैर रखना पड़ता है। अभी समय की आवश्यकता है। नई पीढ़ी के सयानी हो जाने भर की देर है। फिर मौलवियों का भूत अफगानों के सिर से दूर हो जाएगा। यूरोप से पहली टोली उधर लौट आवे, इधर स्कूलों से नई युवक-श्रेणी निकल जाए, फिर अमीर का हाथ मजबूत हो जाएगा। आज मौलवियों के विरोध से, जो कुछ दिनों के लिए उन्हें कन्या पाठशाला बन्द कर देनी पड़ी, यह नौबत तब न आएगी। सुशिक्षित और स्वतंत्र अफगानिस्तान एशिया की बढ़ी शक्तियों में होगा।

उस तरफ काबुल की तो यह दशा है, लेकिन इधर पंजाब और सीमाप्रान्त की अवस्था देखें तो आकाश-पाताल का-सा अन्तर मालूम होगा। इन प्रान्तों में मुसलमानों का आधिक्य है। वे सब तरह से हिन्दुओं को कुचलने और अपना गुलाम बनाने का प्रयत्न कर रहे हैं। पंजाब में 90 फीसदी इन्कमटैक्स की आमदनी हिन्दुओं की जेबों से आती है। सर फजली हुसेन के मिनिस्टर होते ही हिन्दुओं पर विपत्ति के पहाड़ टूटने लगे। स्कूलों में इन्कमटैक्स के

अनुसार पढ़ने वाले विद्यार्थियों से फीस लेने का नियम बना, जिससे हिन्दुओं को अधिक फीस देनी पड़ने लगी। स्कूलों की ग्रांट पहले तो हिन्दू-स्कूलों को मिलती ही मुश्किल से है और जो मिलती भी है उसमें उनकी फीस मुजरा कर दी जाती है, जिससे सरकार से हिन्दू-स्कूलों को बहुत कम रुपया मिलता है। उधर मुसलमानी स्कूलों के लिए खजाना खोल दिया गया। ग्रांट भी आसान और अधिक, फीस कम! शिक्षा विभाग के सभी पदों से हिन्दू पृथक् किये जा रहे हैं।

शिक्षा में ही नहीं हिन्दुओं को भूमि से भी वंचित करने के लिए पंजाब में कानून है, जिसके अनुसार पंजाब के भिन्न-भिन्न जिलों में कितनी ही जातियाँ गैर-जरायत पेशा (कृषि व्यवसायी) मानी गई हैं। ये जातियाँ अपनी जगहों में जमीन नहीं खरीद सकतीं। यद्यपि हिन्दू धीरे-धीरे भूमि से वचित हो रहे हैं; वे गाँवों से शहरों में भागे जा रहे हैं; लेकिन यहाँ भी क्या उन्हें चैन की नींद नसीब होगी? आजकल एक नये साहूकारी कानून की भी बात है। इसके द्वारा हिन्दुओं के इस व्यवसाय को भी नष्ट कर दिया जाएगा! कितने ही हलवाई आदि के व्यवसाय—जो हिन्दुओं के हाथ में चले आते थे—का बायकाट कर के अब मुसलमानों ने अपना चलाना शुरू किया है, और उसमें वह काफी सफलता भी पा चुके हैं। सरकारी नौकरियों से भी हिन्दू निकाले और मुसलमान रक्खे जा रहे हैं! प्रतिष्ठित मुसलमान मुस्लिम एशोशियेशनों के डेपुटेशन बड़े अधिकारियों तक ले जाकर इस तरह की कोशिशें कर रहे हैं। हरएक बात में मुसलमान हिन्दू-मुस्लिम सवाल उठा रहे हैं। बस्ती से बाहरवाले हिन्दू-मन्दिरों और देव-स्थानों की कब खैरियत होगी, जबकि भीतर वाले अक्सर भ्रष्ट कर दिये जाते हैं! हिन्दू स्त्रियों और बच्चों को बहकाने की घटनाएँ सामान्य हो गई हैं। सरकारी, गैर-सरकारी, सभी जगहों में उन्हीं की तूती बोल रही है! हिन्दुओं की जगहों को कब्र या पूजा-स्थान के बहाने से जबरदस्ती दखल कर लिया जाता है। अभी हाल ही में पेशावर में एक हिन्दू के बाग में रातोरात मस्जिद तैयार हुई थी। ऐसी घटनाएँ हजारों मिलेंगी। खुले बाजारों में, पेशावर की तरफ, गोमांस बेचा जाता है। नौकरी, भूमि, व्यापार सभी से जिस प्रकार हिन्दू निकाले जा रहे हैं, उससे पता लग रहा है कि हिन्दुओं का भविष्य अन्धकारमय है।

पुणछ (पूँछ) राज्य

पुणछ—कश्मीर राज्य के अधीन कई छोटे-छोटे राज्य हैं, जिनमें एक यह रियासत भी है। पुणछ का राज-परिवार कश्मीर राज-परिवार की शाखा है। भूमि बिलकुल पहाड़ी है। ऊपरी भाग की पर्वत-शृंखला सदा तुषाराच्छादित रहती है। पहाड़ अधिकांश हरे-भरे हैं। राजधानी पुणछ (पूँछ) है, जो पर्वतों की जड़ में पुणछ नदी के तट पर समुद्रतल से 3,300 फिट ऊपर है। जाड़े के दिनों में यहाँ बर्फ पड़ जाया करती है, लेकिन नदी का स्रोत नहीं रुकता। पैदावार अधिकतर चावलों की है, लोगों का प्रधान खाद्य भी चावल ही है। गेहूँ, मक्की आदि अन्न भी होते हैं। जिस तरह कश्मीर में केसर पैदा होती है, उसी तरह पुणछ गुच्छियों के लिए मशहूर है। यह कुकुरमुत्ते (छत्ते) की जाति का पदार्थ है। सुखाकर इसे दूर-दूर तक भेजा जाता है। पुणछ में भी सूखी गुच्छियाँ साढ़े तीन रुपये सेर मिलती हैं। लाहौर आदि शहरों में इनकी दर पाँच-छह रुपये सेर तक होती है। पंजाबी तथा कश्मीरी लोगों की दृष्टि में गुच्छियों की तरकारी एक खास नियामत है।

लम्बे बालोंवाली बकरियाँ तथा भेड़ें वहाँ बहुत पाली जाती हैं। देश शीतप्रधान है, अत: गर्म ऊनी कपड़े की आवश्यकता पड़ती है। पुणछ के किसी-किसी स्थान की लोइयाँ खासतौर से प्रसिद्ध हैं। कश्मीर की भाँति यहाँ भी हिन्दुओं की संख्या बहुत कम, सिर्फ 5 फीसदी है। देहातों में सिर्फ मुसलमानों की ही बस्ती देखने में आती है। हिन्दू सिर्फ शहरों और बाजारों में रहते हैं, और दूकानदारी या नौकरी करते हैं।

पुणछ राज्य की आबादी 4 लाख है, और क्षेत्रफल प्रायः 1 हजार वर्गमील। मालगुजारी से आमदनी साढ़े चार लाख, चुंगी से ढाई लाख, जंगलों से तीन लाख और स्टाम्प से 60 हजार है। वर्तमान राजवंश तभी से स्थापित है, जब महाराज गुलाब सिंह ने पंजाब के सिक्खों के हाथ से निकल जाते वक्त अंग्रेजों के हाथ से कश्मीर को खरीदा। पहले पुणछ को जागीर के तौर पर कश्मीर के महाराज ने अपने भाई को दिया था, किन्तु अब यह एक अधीन रियासत के रूप में परिणत हो गया है। जिस प्रकार ब्रिटिश गवर्नमेंट देशी रियासतों पर निगाह रखती है, वैसे ही कश्मीर राज्य इस पर निगाह रखता है। इसके अतिरिक्त राजा का प्राइवेट सेक्रेटरी तथा एडवाइजर (परामर्शदाता) एक अंग्रेज है, जो ब्रिटिश गवर्नमेंट के पोलिटिकल विभाग का आदमी है।

उपज—फसल अधिकतर चावल और मक्की पर अबलंबित है। गेहूँ, मोठ आदि भी उत्पन्न होता है। गुच्छिय खासकर प्रसिद्ध हैं। देवदार, दयार और चीड़ की लकडियाँ बहुत पाई जाती है। मकानों में लकड़ी और पत्थर का इस्तेमाल होता है। पुणछ शहर में राजमहल तथा दूसरे मकानों की छतें भी टीन की हैं। गर्मी के दिनों में भी ठंडा होने के कारण टीन के तपने का डर नहीं है। पहले यहाँ लोहा निकाला जाता था, किन्तु अब यह व्यवसाय बन्द हो गया है। कोयले, सीसे, तांबे भी होने का पता मिलता है, किन्तु उन पर काम नहीं होता।

भाषा, वेशभूषा—भाषा जम्बूवाली डोंगरी, वेशभूषा प्रायः पंजाबी है। पुरुषों की पोशाक पायजामा (सलवार नहीं), कमीज, कोट, साफा है। स्त्रियाँ चूड़ीदार पायजामा, कमीज और ओढ़नी पहना करती हैं। स्त्री-पुरुष दोनों ही समानभाव से जूता पहनते हैं। पंजाब की भाँति यहाँ भी गलियों, छतों, बर्तनों आदि की सफाई पर बहुत कम ध्यान दिया जाता है। देहाती लोग बड़े गन्दे कपड़े पहनते हैं।

पुणछ-राज्य में हिन्दुओं और सिक्खों दोनों की संख्या प्रायः बराबर है। सिक्ख अधिकतर ब्रह्मण-जाति के हैं, और खेती का काम करते हैं। कहीं-कहीं नौकरी के लिए आए हुए कश्मीरी ब्राह्मण भी पाये जाते हैं।

मुसलमानों में अधिक संख्या सुद्धन (जो ब्राह्मण थे), मंगराल (राजपूत), चिव (राजपूत), गूजर आदि की है। ये कट्टर मुसलमान हो गए हैं, किन्तु तो भी अभी जाति-पाँति मानते हैं, और अपने से नीची जाति को लड़की नहीं देते। गूजरों मे स्त्रियों के नाम कहीं-कहीं लक्ष्मी आदि भी पाये जाते हैं।

कश्मीर (क)

भारतवर्ष का स्वर्ग कश्मीर हिमालय की पर्वतमालाओं के मध्य में अवस्थित है। कश्मीर की आबादी में 95 फीसदी मुसलमान और 5 फीसदी हिन्दू हैं। हिन्दुओं में वे हिन्दू भी शामिल हैं जो महाराज रणजीत सिंह की कश्मीर विजय के बाद से अब तक आकर बसते रहे हैं। ये आगन्तुक लोग सैकड़ों वर्ष से यहाँ आ बसे हैं, तो भी भाषा और वेश के विचार से अभी तक कश्मीरी नहीं हुए। कश्मीर में पंजाब से आकर बसनेवाले सिक्खों में मोहिपालो (भूमि-हारों) की संख्या पर्याप्त है। ये लोग साधारणत: ग्रामों में रहते हैं और खेती का काम करते हैं। मुसलमान 13 लाख हैं, और कश्मीरी ब्राह्मण 55 हजार के करीब। मुसलमानों में थोड़ों को छोड़कर बाकी सभी उन कश्मीरी हिन्दुओं की सन्तान हैं जो मुसलमानी शासन काल में जबरदस्ती मुसलमान बनाये गए थे। कश्मीरी हिन्दू-मुसलमान दोनों की पोशाक एक लम्बा चोगा है, जो कुर्ते की तरह का होता है। बाहें कुछ चौड़ी और जरूरत से अधिक लम्बी होती हैं। सर्दी से बचने के लिए हाथों को इसके भीतर किया जा सकता है। स्त्रियों और पुरुषों के चोगे में कोई भेद नहीं। पुरुष सिर पर कुलाह के साथ पगड़ी (साफा) वधिते हैं। स्त्रियां भेड़ के बालों को साथ मिलाकर केशों की अलग-अलग रस्सियों बटकर पीठ पर छोड़ देती हैं। सिर पर साधारणतया एक छोटी सी चादर रखती हैं, जो पीठपर लटकती रहती है। कोई-कोई चादर के नीचे टोपी भी रखती हैं। पंडिताइनों की चादर के नीचे सिर से पैरों के पास तक कपड़े की पतली

चिट-सी लटकती है, तथा ये लाल या किसी और रंग के कमरबन्द से कमर भी बाँधे रहती हैं। पैरों में जूता या चप्पल होती हैं।

कश्मीरी मकान नैपाली मकान से बहुत कुछ मिलते हैं। ये तीन तल्ले-चौतल्ले होते हैं। ग्रामों में इनकी छतें फूस की भी होती हैं, किन्तु शहरों और कस्बों में लकड़ी की टाइलें इस्तेमाल की जाती हैं, नीचे भोजपत्र की तहें भी अक्सर दी जाती हैं। इन छतों पर प्राय: लम्बी-लम्बी घास सी उगी हुई देखने में आती है। शहरों में धनिक लोग अब टीन का भी प्रयोग करने लगे हैं। देवदार, दयार, चीड़ आदि लकड़ियों की यहाँ इफरात है। मकानों में भी लकड़ी का काम अधिक है। दीवारों के ढाँचे में भी लकड़ी का भाग अधिक होता है। छतें और पटाव केवल लकड़ियों के होते हैं। लकड़ियों में खुदाई और फूल-पत्ती का काम भी अच्छा देखने में आता है। कश्मीरी गलियाँ बड़ी गन्दी होती हैं। कश्मीरी लोग गन्दगी में तिब्बती या चीनी लोगों से शायद थोड़े ही कम होंगे। इनकी गलियों में नाक पर कपड़ा दिये बिना जाना बहुत ही कठिन है। कश्मीरी पंडितों में शिक्षा अधिक है, किन्तु वे भी घरों में पायखाने बनाने की आवश्यकता नहीं समझते। गलियाँ और आँगन ही पायखाने का काम देते हैं।

कश्मीरी ब्राह्मण—जैसा कि ऊपर कहा गया, इनकी संख्या 55 हजार है। शिक्षा में ये बहुत बढ़े-चढ़े हैं। ग्रेजुएटों की संख्या भी अधिक है। बंगालियों की भाँति कश्मीरी ब्राह्मण क्लर्कों तथा दूसरी नौकरियों के पीछे मरते हैं, व्यापार और दूसरे श्रमवाले व्यवसायों की ओर प्रयत्न नहीं करते। यही कारण है, जो अब इनमें बेकारी बहुत बढ़ चली है। ग्रेजुएट बीस-बीस रुपये की नौकरियों के लिए मारे-मारे फिरते हैं। छोटी अवस्था की लड़कियों की शादी का रवाज है, इसकी वजह से विधवाओं की संख्या भी बढ़ रही है, और विधवा विवाह की प्रथा न होने से गर्भपात आदि की संख्या भी बढ़ रही है। शहर के बाहर रहने वाले कितने ही ब्राह्मण विवाह के बिना भी रहने पर बाध्य हो रहे हैं, जिसके फलस्वरूप कुछ केवल विवाह के लिए मुसलमान भी हो गए हैं। युवती विधवाओं के कारण समाज में गन्दगी बहुत फैल रही है। युवक कश्मीरी ब्राह्मणों में कुछ विधवा-विवाह के भी पक्षपाती हैं, किन्तु अभी विरोधियों की संख्या अधिक है। ब्राह्मण पिछली मनुष्य गणना में बड़ी कठिनाई से अपनी

संख्या यथापूर्व कायम रख सके हैं। एक शिक्षित ब्राह्मण का कहना है कि विधवाओं और अविवाहितों में असन्तोष तथा इस्लाम की ओर का प्रलोभन अगली मनुष्य गणना से हमारी संख्या घटाना शुरू करेगा। अपनी जाति की अवस्था पर अफसोस करते हुए उन्होंने कहा था—हमारे लोग न आदिम जाति के हैं, न आधुनिक जाति के, न ईमानदार, न बेईमान, न धर्मात्मा, न अधर्मी अर्थात यह जाति ही बिलकुल अनिर्वचनीय है। उनको यह बड़ी शिकायत है कि हमारी जाति में विश्वासघात का अंश बहुत अधिक है, उन्होंने इसका उदाहरण दिया। एक पंडित ने लिखकर एक पतित ब्राह्मण को शुद्धि की व्यवस्था दी, किन्तु अब कह रहा है कि यह मेरी व्यवस्था नहीं। कश्मीरी ब्राह्मण के लिए खतरे का घंटा बज चुका है।

लोगों का प्रधान खाद्य चावल (भत्ता) और मूँग की दाल है। मैथिल ब्राह्मणों से आहार और विद्या-बुद्धि में ये लोग बहुत अधिक मिलते हैं। इनमें भी शक्ति उपासना के साथ-साथ पंचमकारी वाममार्गी भी पाये जाते हैं। यद्यपि ये लोग एकान्त में स्वयं मद्यसेवन करते हैं, किन्तु बाहर समाज के चौधरी भी हैं। चौका-धर्म यहाँ भी है, किन्तु बिहार से यहाँ कुछ अन्तर है। भात दाल को बनाकर एक टोकरी में रखके ऊनी कपडे से लपेट उसे लकड़ी में लटकाकर मुसलमान नौकर के हाथ भेजा जा सकता है। पानी भी मुसलमान का भरा पिया जाता है। बर्तन भी मुसलमान नौकर साफ कर सकता है। ध्यान इस बात पर दिया जाता है कि उसका हाथ स्पर्श न करे। ऊनी कपड़े को लपेट कर छूने में कोई हर्ज नहीं।

आप किसी कश्मीरी ब्राह्मण मित्र के पास जाएँ तो आपकी चाय से खातिर की जाएगी। इस तरह के उष्ण पेय पदार्थों के तैयार करने के लिए कश्मीरियों ने एक नये प्रकार के बर्तन का आविष्कार किया है, जिसे समावर कहते हैं। आजकल समावर के नाम से यह यूरोप तक के सर्द प्रदेश में फैल गया है। इसके बीच में एक नली कोयला डालने की होती है, जिसमें निचले भाग के छोटे-छोटे सुराखों से हवा आने का रास्ता होता है। नली के चारों तरफ के बर्तन में पानी और चाय की पत्तियाँ डालकर बन्द कर दिया जाता है। पीने से पूर्व चीनी और इलायची, सोंठ, दालचीनी का चूर्ण डाल दिया जाता है।

दूध डालने तथा चाय को छानकर पीने की प्रथा नहीं है। छोटी-छोटी फूल की कटोरियाँ आपपके सामने आएँगी किन्तु खबरदार! आप नंगे हाथों से मत उठावें, अन्यथा आपके आचार पर सन्देह किया जाएगा। आप उसे कपड़े से पकड़ें। खाने के लिए यदि कुलचों की टिकियाँ आवें तो उसे भी कपड़े से पकड़कर खाएँ। कपड़ा चाहे साल भर से धोबी के घर न गया हो, कोई परवा नहीं; हाथ का साक्षात् स्पर्श सर्वथा निषिद्ध है। उसी फर्श पर यदि मुसलमान भी बैठा हो तो भी चाय या पानी पिया जा सकता है। वस्तुतः यदि कश्मीरी ब्राह्मणों के धर्म को चौका-धर्म न कहकर वस्त्र-टांकन धर्म कहा जाए तो अच्छा।

कश्मीर (ख)

कश्मीर के अन्तिम हिन्दू राजा के समय में लद्दाख से एक आदमी कश्मीर आया वह अपनी प्रतिभा और वीरता से धीरे-धीरे प्रधान सेनापति हो गया। उसी समय बाहर के किसी शत्रु ने कश्मीर पर आक्रमण किया। उधर तो सेनापति सेना के साथ मुकाबिले के लिए गया, इधर ज्योतिषियों से अनिष्ट फल की व्यवस्था सुनकर राजा वैरागी हो महलों से निकल गया। सेनापति रिन्चन् ने लड़कर शत्रु को परास्त किया। जब लौटकर राजधानी में आया तब देखता है, राजा नदारद। पीछे वह स्वयं गद्दी पर बैठा। अब तक रिन्चन् ने कोई धर्म नहीं माना था। अब उसने पंडितों को बुलाकर कहा कि हम को अपने धर्म में लो। धर्मभीरु पंडितों ने कहा कि गदहा घोड़ा नहीं हो सकता। आप हिन्दू के घर में पैदा नहीं हुए, अत: हिन्दू नहीं हो सकते। राजा बहुत दिनों तक अनुनय-विनय करता रहा, किन्तु ब्राह्मणों ने एक भी न सुनी। अन्त में राजा ने एक दिन कह दिया—"कल सवेरे जिस आदमी को मैं पहले देखूँगा उसी का मजहब स्वीकार करूँगा।" दूसरे दिन राजा के सम्मुख सबसे पहले जो आदमी गया वह बुल्बुलशाह था। रिन्चन् ने इस्लाम स्वीकार किया। बुल्बुल ने सिखलाया और ब्राह्मणों के बुरे बर्ताव का स्मरण हो आया। फिर क्या था रिंचनशाह गाजी बन गया। उसने एक-एक करके कश्मीर के सभी पुराने मन्दिरों को तोड़वाया। हिन्दुओं को जबरदस्ती मुसलमान बनाना आरम्भ किया। यह बात उसकी सन्तान ने भी जारी रक्खी। इसका फल यह हुआ कि

अधिकांश हिन्दू मुसलमान हो गए, उनकी सन्तानें आज भी पूछने पर अपने को वट (भट्ट), गूजर, जाट, राजपूत कहती हैं।

1339 ई. में कश्मीर में इस्लाम धर्म की दृढ़ पताका स्थापित हो गई। ब्राह्मणो में सिर्फ ग्यारह परिवार बाकी बच गए थे। उसके बाद सुल्तान जैनुल आवेदीन (1420-70 ई.) के प्रशान्त शासन काल में कुछ ब्राह्मण बाहर से भी आए, जिनमें कौलवंश मिथिला (दरभंगा) से आया। इसके प्रमुख महेश्वरनाथ कौल थे। दरबार के प्रमुख गिरिजादत्त एलिचपुर (बरार) से आए। नवागतों का नाम वानमासी पड़ा, और पूर्वनिवासी मलमासी हुए। मलमासी लोग चान्द्र मास के मानने वाले थे, और वानमासी सौर मास के। किन्तु दोनों प्रकार के परिवारों का आपस में खाना-पीना, शादी-विवाह होता रहा। इसी सुल्तान के समय ब्राह्मणों ने फारसी पढ़ना शुरू किया और उन्हें राजपद भी मिलने लगे। कश्मीरी पंडितों (ब्राह्मणों) में 133 गोत्र हैं। प्रथम सिर्फ 6 ही थे अर्थात दत्तात्रेय, भारद्वाज, गौतम, मौद्गल्य, उपमन्यु और धौम्य। कुछ लोगों का कथन है कि कश्मीरी पंडित यवन (यूनानी) और पारसी हैं, जो कश्मीर में आकर बस गए हैं।

मुसलमानी समय में बड़शाह नामक कश्मीर का एक बादशाह था। आरम्भ में उसने भी हिन्दुओं पर बड़ा अत्याचार किया, किन्तु पीछे उसके विचारों में भारी शान्ति आई। लोग कहते हैं कि शान्ति नहीं आई, बल्कि बड़शाह के मुर्दा शरीर में एक हिन्दू योगी प्रविष्ट हो गया। उस समय हिन्दुओं के साथ बहुत अच्छा बर्ताव होने लगा। उसी के समय शुभकार्य में ब्राह्मणों को मुसलमान का मुख देखने का नियम बना। अब कश्मीरी पंडित उसे अपने धर्म में गिनने लगे हैं। मुसलमान भी यज्ञ-यज्ञोपवीत सुनते ही ब्राह्मण के दरवाजे पर पहुँच जाते हैं। मूर्तिरद्दित बड़शाह का मन्दिर आज भी श्रीनगर में मौजूद है।

कश्मीर (ग)

कश्मीर की राजधानी श्रीनगर है। इसकी जनसंख्या सवा लाख के करीब है। यह समुद्र तल से पाँच हजार फिट ऊपर है। गर्मी के दिनों मे भी ऊँचाई के कारण यहाँ गर्मी नहीं मालूम होती। बल्कि वर्षा जो कि यहाँ बराबर होती ही रहती है—के समय तो काफी सर्दी पड़ने लगती है। जाड़े में छत, आँगन, सड़कें सभी पर बर्फ पड़ जाती है। चारों तरफ देशी चीनी के ढेर की तरह सफेद ही सफेद बर्फ दिखलाई देती है। उस समय सर्दी बहुत बढ़ जाती है। उससे रक्षा पाने के लिए लोगों का अधिक गर्म कपड़ों की जरूरत पड़ती है। इसके लिए प्रत्येक कश्मीरी अँगीठी (काँगड़ी) अपने पास से पृथक् नहीं करता। दूकानदार अपनी दुकान में, नाविक अपनी नावमें, बाबू अपने आफिस में अभी अपने सोफे में, काँगड़ी लिए बैठे रहते हैं। यह काँगड़ी बड़ी हलकी और सुन्दर बनी रहती है। बीच में एक छोटा-सा मिट्टी का बर्तन और उसके चारों तरफ ल्विड़, वीरी या तूत की पतली शाखाओं की बुनावट होती है, जिसमें हेंडिल भी लगा रहता है। कश्मीरी पुरुष और स्त्री, हिन्दू-मुसलमान सभी लम्बे चोगे पहनते हैं। सर्दी के वक्त आम रास्तों में स्त्री-पुरुषों को चोगे के अन्दर काँगड़ी लिए हुए जाते देखेंगे। जाड़े के दिनों में डल (झील) के किनारे कुछ जल जम जाया करता है। कभी-कभी झील पर बर्फ की मोटी तह जम जाती है, जिस पर शौकीन लोग स्केटिंग भी करते हैं। श्रीनगर में आगन्तुकों को कुछ विचित्र वृक्ष दिखाई देंगे। ये हैं सफेदा, चनार और वीरी। मीलों तक सड़क के किनारे

लम्बे-लम्बे सफेद छालवाले वृक्षों की पंक्ति दिखाई पड़ेगी। यही सफेदे हैं। इनमें शाखाएँ मोटी-मोटी नहीं फूटतीं। जो फूटती भी हैं, वे तने के साथ बहुत छोटे से कोण पर फूटती हैं, जिसकी वजह से जड़ ही में नहीं, ऊपर भी वृक्ष एक पंक्ति में दिखाई पड़ते हैं। इस वृक्ष में सिर्फ यही गुण नहीं है कि इससे सड़क की शोभा बढ़ जाती है, बल्कि यह लगता भी बड़ी आसानी से है। किसी भी छोटी-सी हरी शाख को गीली भूमि में लगा दीजिए लग जाएगी। लकड़ी भी मैदानी कई वृक्षों से अच्छी होती है, यद्यपि वह दियार या देवदार का मुकाबिला नहीं कर सकती।

कश्मीर यदि भारतवर्ष का स्वर्ग है, तो चिनार यहाँ का कल्पवृक्ष हैं। यदि कहीं इसमें फल लगता तो सोने में सुगन्धि हो जाती। यह वृक्ष सैकड़ों फट ऊँचा, और दूर तक अपनी शाखाओं को फैलाए बहुत ही सुन्दर मालूम होता है। इसके पत्ते और फूल दोनों ही रेड़ से मिलते हैं। सरों की भाँति इसकी शाखाएँ नीचे ने ऊपर की तरफ कम लम्बी हो जाती हैं। ऐसी सुन्दर छाया भारतवर्ष में और किसी वृक्षकी नहीं होती। लकड़ी भी इसकी बहुत अच्छी होती है, किन्तु कश्मीर में यह राजवृक्ष है। कोई चिनार वृक्ष को काट नहीं सकता। सूख या टूटकर गिर जाने पर भी वह लकड़ी महाराज के लिए जाती है। चिनार का कोयला धधक जाने पर आग कई घंटों बनी रहती है। सार्वसाधारण के भाग्य में उसका कोयला कहाँ बदा है? जाड़े के पहले जब वृक्षों के पत्ते गिर जाते हैं तब लोग जाड़े के लिए पत्तों को इकट्ठा करके घर में रख लेते हैं। कहते हैं, चिनार के पत्तों की आग भी देर तक ठहरती है। चिनार की भाँति ही सूत भी राजवृक्ष है। इसे रेशम के यवसाय के लिए सुरक्षित किया गया है। वीरी के वृक्ष कश्मीरियों के बड़े काम के हैं। कश्मीरी कहते सुने गए हैं कि यदि कोई आदमी इस वृक्ष के नीचे सोये तथा उसकी दातुन करे तो बीमारी उसके पास नहीं आ सकती। खैर, यह तो उसका रोचक माहात्म्य है, लेकिन इसमें शक नहीं कि यह बड़े काम का वृक्ष है। कश्मीरी उपत्यका में श्रीनगर के पास दूर तक पानी ही पानी दिखाई देता है, कश्मीरी लोग इस सबको डल कहते हैं। इस पानी का भी ये लोग नई तरह से उपयोग करते हैं। एक तरफ इसमें उगी हुई घासों के ऊपर सिवार डालकर पतले-पतले खेत बनाते हैं, जिन पर मिट्टी

डालकर तरह-तरह की साग सब्जी बोते हैं। दूसरी तरफ डल से उन्हें हजारों मन सिंघाड़ा और कमल की जड़ें मिलती हैं। भसिंड या कमल की जड़ के कई तरह के साग बनाये जाते हैं। इनके साथ ही थोड़े-थोड़े पानी में हजारों बीघे वीरी के वृक्ष लगे हुए हैं। सफेदे की भाँति इसकी भी शाखाएँ आसानी से लग जाती हैं। इसकी नई निकली हुई पतली शाखाएँ प्रतिवर्ष काट ली जाती हैं, इससे तरह-तरह के खूबसूरत कुर्सियाँ, मेज, टोकरियाँ आदि बनाई जाती हैं। इसकी लकड़ी के क्रिकिट बैट आदि भी बनते हैं।

बादशाही जमाने में यह सिर्फ शाही परिवार के ही भाग्य में था। गर्मियों के दिन में कश्मीर की स्वर्गभूमि में उसके चश्मों, उसकी झीलों, उसके सेब, अंगूर खुबानी के बगीचों में वे स्वर्गीय आनन्द लूटते थे। किन्तु आज उस आनन्द को बहुत आदमी भोगने में समर्थ हुए हैं। जबसे रावलपिंडी से श्रीनगर तक मोटर हो गई है तबसे और आसानी हो गई है। प्रतिवर्ष हजारों आदमी गर्मियों में भारतवर्ष के ही भिन्न-भिन्न भागों से ही नहीं, बल्कि यूरोप अमेरिका से भी कश्मीर देखने के लिए आया करते हैं। पंजाब और दूसरे प्रान्तों के कितने ही धनी लोग श्रीनगर में अपने मकान और बगीचे भी रखते हैं। दूसरे लोग या तो किसी बँगले को—जिनकी संख्या हजारों है—किराया पर लेते हैं या उन नौकागृह में से एक को किराया करते हैं जो हजारों की संख्या में श्रीनगर में पाई पाती हैं। इन नौकाओं को चलता-फिरता घर समझना चाहिये। इनमें शयनगृह, स्नानगृह, बैठकखाना, पाठगृह आदि सबका प्रबन्ध रहता है। झेलम (वितस्ता) के किनारे-किनारे बिजली के खम्भे चले गए हैं, जिनसे इन नावों में बिजली लगी रहती है। बिजली श्रीनगर में बड़ी सस्ती है। साधारण लट्टू के लिए प्रतिमास आने देने पड़ते हैं। मीटर घर में नहीं लगा रहता, इसी से लोग दिन में भी बत्तियों को जलते ही छोड़ देते हैं। प्रत्येक नौकागृह के साथ एक छोटी नाव रसोईखाना और नौकरों के रहने का काम देती है। इसके अतिरिक्त किश्ती में एक या अधिक शिकारा (छोटी डोंगियों) भी रहते हैं। दिन में लोग शिकारा पर सवार दूर-दूर तक झेलम तथा उसकी नहरों या डल झील में सैर के लिए जाया करते हैं। कभी-कभी वे सारे घर के साथ एक स्थान से दूसरे स्थान चले जाया करते हैं। कितनी ही बार लोग शहर से दूर डल में—

जहाँ पानी पर तैरते खेत हैं, जिनके लिए कश्मीर की खेतों की चारी प्रसिद्ध है—भी लंगर डाले लोग दिखाई पड़ते हैं। आगन्तुकों में यूरोपियन स्त्री-पुरुषों की संख्या बहुत काफी होती है। डल में एक-दो छोटे-छोटे सुन्दर द्वीप हैं। कभी-कभी उनमें से किसी पर आप गौरांग रमणियों को नृत्य करते, पिकनिक पार्टी का आनन्द लेते भी देखेंगे। फूल, फल और जल इन तीन चीजों के लिए कश्मीर अद्वितीय है।

मैंने पहले लिखा है कि कश्मीरियों की सी गन्दी जाति संसार में बहुत कम होगी। इनकी गलियाँ ही पायखाना का काम देती हैं। धूप के समय तो कुछ सहन भी हो जाए, किन्तु वर्षा में इन गलियों में जाना मानो संडास से होकर गुजरना है। आश्चर्य तो यह है कि क्यों हैजा और प्लेग पैर तोड़कर यहाँ नहीं बैठ जाते। डॉक्टर नेव लिखते हैं—

'The wonder is, not that cholera came, but that it ever went away ; not that it slew 10,000 (in 1888) victims, that so many escaped its ravages.' 'Enough that cholera came and will come again, aye, and again., as long as it is thus prepared for, and invited and feasted by a city reared in filth, a people born in filth, living in filth and drinking filth'.

1888 ई. के दो मास के हैजा के प्रकोप के बाद उपर्युक्त पंक्तियाँ लिखी गई थीं। इसके बाद कितनी बार हैजा ने फिर प्रहार किया, यह नीचे कोष्ठक से ज्ञात होगा—

सन्	मृत्यु	विशेष
1892 ई.	11,712	इसमे 5,781 केवल श्रीनगर में बीमारी मई से अगस्त तक रही।
1900-02	10,811	बीमारी अगस्त 1900 से जनवरी 1902 तक, 18 महीने रही।
1906-07	1,626	3 नवम्बर से 31 जनवरी तक।
1910	9,211	4 जून से 18 नवम्बर तक।

इसके अतिरिक्त प्लेग ने भी 1903-1904 में प्रहार किया था।

प्रसिद्ध स्थान

शंकराचार्य—श्रीनगर के पूर्वोत्तरी भाग में यह एक छोटा-सा पर्वत है, जिसके ऊपर एक शिव मन्दिर है। मुसलमानी समय में अन्य मन्दिरों की भाँति इसकी भी दुर्गति हुई थी। मुसलमान लोग इसे तख्ते-सुलेमान कहते हैं। कहते हैं, कश्मीर के प्रसिद्ध मूर्ति खंडक बादशाह सिकन्दर ने इस मन्दिर को इसलिए नहीं तोड़ा, क्योंकि महमूद गजनवी (997-1030) ने यहाँ नमाज पढ़ी थी। कश्मीर में हिन्दूराज्य स्थापित होने पर इस मन्दिर में पूजा होनी शुरू हुई। यहाँ से सारी कश्मीर उपत्यका दिखाई पड़ती है। चारों तरफ घेरे हुए पहाड़—जिनके पीछे की ओर हिमाच्छादित शिखरवाले पर्वत हैं—बीच में जगह-जगह लम्बे-लम्बे जलाशय, सर्प की भाँति कुटिलगतिकी जेहलम दूर तक सफेदे की दोहरी पत्तियों के बीच जाने वाली सड़कें, मीलों तक, शहर से बाहर भी, सेब, बादाम आदि के बागों में बने हुए छोटे-छोटे सुन्दर बँगले, हरी घासों से ढके लम्बे-लम्बे क्रीड़ा क्षेत्र, सुन्दर चिनार वृक्षों की मधुर शीतल छाया के अन्दर हरी घास के मखमली फर्शों वाली सुभूमियाँ देखने में बड़ी सुन्दर मालूम होती हैं।

श्रीनगर में स्कन्दभवन, त्रिभुवन स्वामी, क्षेम गौरीश्वर, दिद्दा माथा, विक्रमेश्वर आदि कितने ही प्राचीन मन्दिर थे, जो अब तोड़कर मुसलमानी पीरों की जियारतों में परिणत हो गए हैं। श्रीनगर की जामा मस्जिद को सिकन्दर ने 1404 में बनवाया। इसके बनाने के लिए उसने महाराज तारापीड (696 97) के विशाल मन्दिर को तोड़कर उसके पत्थर को इस्तेमाल किया। इस मन्दिर के इर्द-गिर्द कितने ही पत्थर के मन्दिरों के ध्वंसावशेष दिखाई देते हैं। इसकी भूमि को बौद्ध लोग भी बहुत पवित्र मानते है। लद्दाख आदि से वे तीर्थ-यात्रा के लिए जब-तब आया भी करते हैं। उनकी भाषा में इसे चिचाड्-चु ब्लक खड् कहते हैं। स्वर्गीय महाराज प्रतापसिंह ने इसकी मरम्मत के लिए 1893 और 1912 में 12 हजार और 40 हजार रुपये दिये। महाराजा प्रवरसेन द्वितीय का बनवाया 'सद्भाव श्री' का मन्दिर आज पीर हाजी मुहम्मद की जियारत के रूप में परिणत है। इन्हीं महाराज का दूसरा मन्दिर 'पवेरश' पीर बहाउद्दीन की जियारत है।

नसीमबाग—श्रीनगर से प्राय: 4 मील पर डल के किनारे हजरत बल नामक एक गाँव है। सारे कश्मीर में मुसलमानों के लिए यह सबसे पवित्र जगह है। यहाँ एक बाल है, जो हजरत मुहम्मद साहब का कहा जाता है। इससे आधा मील आगे शाहजहाँ का बनवाया (1635 ई. में) 'नसीमबाग' है। इसमें सैकड़ों (आरम्भ में 1200 थे) चिनार के बड़े-बड़े वृक्ष हैं।

शालीमार बाग—नसीमबाग से थोड़ी दूर पर डल के बीच में एक छोटा-सा द्वीप है, जिसे सुनालङ्क कहते हैं। जहाँगीर ने इस पर एक कुटी बनाई थी। अमीरखाँ जवाँशेर ने 1737 में इसकी मरम्मत कराई थी। लेकिन अब उसका पता नहीं। इसके घासों की फर्श पर अक्सर लोग पिकनिक पार्टी किया करते हैं। इसके थोड़ी दूर पर डल के पूर्वोत्तर के कोने पर प्रसिद्ध शालीमार बाग है। कहते हैं, प्रवरसेन द्वितीय ने इस जगह एक छोटा-सा महल बनवाया था। यह वही राजा है जिसने श्रीनगर को बसाया था। राजा हरवन में रहने वाले तपस्वी सुकर्मस्वामी के दर्शनार्थ जाया करता था, इसीलिए उसने यह निवास-स्थान बनवाया था। पीछे जब यह राजभवन नहीं रहा तब यहाँ एक गाँव बस गया, जिसका नाम भी शालीमार हो गया। मुगल बादशाह जहाँगीर ने 1619 में एक बाग बनवाकर नाम 'फरह-बख्श' (आनन्दप्रद) रक्खा। शाहजहाँ की आज्ञा से सूबेदार जफरखाँ ने भी 1630 ई. में इसमें कुछ वृद्धि की। डल से शालीमार तक नहर गई हुई है। शालीमार बाग की लम्बाई 590 गज और नीचे की 207 तथा ऊपर की चौड़ाई 267 गज है। इसके चारों तरफ ईंट और पत्थर की 10 फिट ऊँची दीवार है। इसमें प्राय: एक समान चार तल हैं, जो सीढ़ियों की भाँति एक-दूसरे के ऊपर हैं। प्रत्येक तल में पाँती से एक-एक कुंड हैं, जो 11 इंच गहरी 9 से 14 गज चौड़ी नहरों के द्वारा मिलाए गए हैं। बाग के पिछले भाग में हरवन की धार से पानी लाया गया है। यह पानी पहले ऊपर वाले तल पर पहुँचता है, वहाँ से काले संगमर्मर-सदृश पत्थर से बनी हुई नहरों में बड़ी सुन्दरता से बहता हुआ, तिरछी शिलाओं पर मछलियों की तरह नाचता क्रमश: एक से दूसरे कुंड में गिरता, दर्जनों फव्वारों को छोड़ता बाग के बाहर वाली नहर-द्वारा डल में चला जाता है। बाग का ऊपरी तल अन्त:पुर की बेगमों के लिए था। बाग के बीच वाले कुंड के मध्य में एक चतुष्कोण सुन्दर मकान है,

जिसकी छत सुन्दर कलायुक्त काले सगमर्मर के 20 फिट ऊँचे खम्भे पर स्थित है। इनकी संख्या प्रत्येक पंक्ति में छः है। इसके चारों तरफ का कुंड साढ़े तीन फिट गहरा तथा 52 वर्ग गज भूमि में है। रविवार के दिन—जिस दिन पानी नहर में छोड़ा जाया करता है—सैकड़ों दर्शक इस छत के नीचे बैठे फव्वारों की शोभा, जल के प्रपात, हरी घासों के मखमली फर्श, चिनार की मनोहारिणी छाया, रंग-बिरंगे फूलों की शोभा और सुगन्धि का आनन्द लूटते हैं।

निशात बाग—शालीमार से दो मील दक्षिण प्रसिद्ध निशात बाग है। नूरजहाँ के भाई आसफजाह ने 1044 हिजरी में इसकी नींव रक्खी। यह भी शालीमार की भाँति नीचे-ऊपर तल, मखमली हरा फर्श, फव्वारों की पंक्तियाँ, पुरातन चिनारों की छाया पाई जाती है। किन्तु यहाँ सभी वस्तुएँ विशेषकर नहरों और फव्वारों के ढंग में कुछ थोड़ी सी नवीनता भी है। निशात बाग 505 गज लम्बा, 360 गज चौड़ा है। इसके भी चारों तरफ ईंट-पत्थर की दीवार है। खासकर रविवार के दिन दर्शकों की संख्या अधिक होती है। लोग नावों, मोटरों, ताँगों से पहुँचते हैं। धनिक श्रेणी से लेकर साधारण श्रेणी तक के स्त्री-पुरुष भी अपने-अपने समावर (चाय बनाने का चूल्हासयुक्त बर्तन) से चाय पीते, ताश खेलते पाये जाते हैं।

चश्माशाही—निशात से ढाई मील दक्षिण चश्माशाही है। इसके जल की शुद्धता बड़ी ही प्रसिद्ध है। इसके आसपास भी शाहजहाँ का बनवाया एक छोटा बाग है।

पामपुर—श्रीनगर से नौ मील पूर्व दक्षिण यह ग्राम है। इसके आसपास दूर तक केसर के खेत हैं। केसर की क्यारियाँ बहुत छोटी-छोटी (1½ गज + 1 गज) होती हैं, जिनके किनारों पर प्रायः एक फिट गहरी नालियाँ होती हैं। जून में केसर बोई जाती है और अक्टूबर के अन्त में फसल तैयार होती है। पौधा गेहूँ सा होता है। इसके फूल की बीचवाली पंखड़ियाँ ही असली केसर है। ये खेत मीलों तक हैं। केसर केवल यहीं होती है। काश्मीर के और भागों में प्रयत्न करने पर भी लोग केसर पैदा करने में सफल नहीं हो सके। इसका प्राचीन नाम पद्मपुर है। विष्णुपद्म स्वामी के मन्दिर का ध्वंसावशेष यहीं पर है। इसके कुछ सुन्दर खम्भे यहाँ के मीर मुहम्मद रम्दानी की जियारत में लगे हुए हैं।

अवन्तीपुर—इसे वन्तीपुर भी कहते हैं। गाँव के पास में अवन्ति वर्मा के भव्य मन्दिर का ध्वंसावशेष खोदकर निकाला गया है। जेहलम के तट पर यह मन्दिर किसी समय बड़ा ही भव्य मालूम होता होगा। अब भी बड़े-बड़े पत्थरों के बने द्वार और दीवारें अर्ध-भ्रष्ट मूर्तियाँ तथा बेल-बूटों से अलंकृत दिखाई पड़ती हैं। मन्दिर के चारों तरफ पत्थर की दीवार है। इसके भीतरी ओर सुन्दर खम्भों की पक्तियाँ तथा छोटी-छोटी कोठरियाँ बनी थीं। बीच में सुन्दर मन्दिर था।

जोजीला पार

श्रीनगर से लद्दाख जाने के दो रास्ते हैं, जिनमें सबसे अधिक चालू वह है, जो जोजीला पार करके जाता है और जिससे कुल दूरी 240 मील है। यों तो मैदानी आदमियों के लिए श्रीनगर (5214 फिट) भी काफी सर्द है; किन्तु जोजीला के पार का मुल्क कुछ दूसरे ही प्रकार का है। इसके लिए यात्री को कपड़े आदि की विशेष तैयारी करनी पड़ती है। श्रीनगर ही से उसे गर्म कोट, पायजामा, मोजे, पट्टी, कनटोप, दस्ताने, लोइयाँ, बिस्तरे आदि का प्रबन्ध कर लेना पड़ता है। श्रीनगर से नाव या ताँगे पर गादर्बल (5220 फिट) 9½ मील जाया जा सकता है। गिल्गित जानेवाले को भी यहाँ तक सम्मिलित सफर करना पड़ता है। गादर्बल से कागन (10½ मील) पहला पड़ाव है। लद्दाख चूँकि सीमान्त-जिला है, और उसकी सीमा पूर्व की तरफ तिब्बत से और उत्तर की तरफ चीनी तुर्किस्तान से मिली हुई है, इसीलिए श्रीनगर में ब्रिटिश ज्वाइंट कमिश्नर से पास लेना पड़ता है।

आगे भूमि कई मास तक बर्फ से ढकी रहती है। गर्मियों में यहाँ वर्षा भी प्राय: बराबर हुआ करती है। सोनमर्ग में तो हमारे पहुँचने के साथ बर्फ पड़नी शुरू हो गई और घंटे भर में जगह-जगह इंचों बर्फ गिर गई। गिरती हुई बर्फ को देखना भी एक सुन्दर दृश्य है। ज्ञात होता है, बड़ी-बड़ी बूँदें गिर रही हैं, गौर से देखने पर अंगुल-अंगुल चौड़े धुनी रुई के फाहे से गिरते मालूम होते हैं। आदमियों ने कहा—यह गर्मी का मौसिम है, इसीलिए पहले झोंक से गिरने

वाली बर्फ जमीन पर पड़ते ही विलीन हो गई, नहीं तो आप अच्छी-खासी रुई के पहल भूमिपर जमे हुए पाते।

बालतल में डाक-बँगला और सराय है। सोनमर्ग से बालतल जाने में अब भी कहीं-कहीं बर्फ पर से चलना पड़ा। कहीं-कहीं सिन्धु नदी पर बर्फ का पुल भी बँधा दिखाई पड़ा। बालतल में तो दूकान बस्ती नहीं है, किन्तु उससे नीचे एक गाँव है। यह गाँव बाल्तियों (भेरहों) का है। काश्मीरियों को इतनी सर्दी में खेती-बारी करना बहुत कठिन है।

वर्षा होते समय लोग सोन मर्ग से बालतल को जाना पसन्द नहीं करते, क्योंकि पास की पहाड़ियों पर अनेक छोटे-बड़े पत्थर इस तरह बिखरे हुए हैं कि वर्षा से उनके नीचे की भुरभुरी मिट्टी गल जाती है, और मालूम होता है, क्रोधित दानव सेना उपर से गुजरने वाले यात्रियों पर पत्थरों का प्रहार कर रही है। बालतल के करीब एक काश्मीरी घोड़ा लेकर लौटता हुआ मिला। घोड़े की एक टाँग के दुम से ऊपर ऐसा जबरदस्त पत्थर लगा था कि उसकी हड्डी टूट गई थी। बेचारा घोड़ा तो दुखी था ही, किन्तु आदमी के चेहरे से ज्ञात होता था कि उस पर विपत्ति का पहाड़ टूट पड़ा है। उसके जीवन से बढ़कर जीविका का सहारा टूट गया था।

बालतल से जोजीला पार करने के दो रास्ते हैं; एक जाड़े का दूसरा गर्मी का। गर्मी वाला रास्ता अभी-अभी खुला है। अब भी सड़क मील-डेढ़ मील ही तक हिम रहित है। आगे बर्फ ही पर चलना पड़ता है। बालतल से नीचे ही चीड़ जातीय वृक्षों का जंगल छूट जाता है और जंगली सफेदा और वीरी के साथ साथ भोजपत्र आरम्भ हो जाता है। आगे फिर सिर्फ हिमगौर चर्म वाले भोजपत्र देखे जाते हैं। 11 हजार फिट से ऊपर के स्थानों पर भी, जहाँ से बर्फ अभी महीनों नहीं गलेगी, ये पत्ररहित वृक्ष बड़े सन्तुष्ट से दिखाई पड़ते हैं। जहाँ बर्फ नहीं है, वहीं इनमें छोटे-छोटे से जामुन के से पत्ते निकल आए हैं। चार मील की चढ़ाई के बाद पहाड़ की ऊपरी अँगनाई पर पहुँचते हैं। यहाँ आसपास सफेद सगमर्मर की दीवार के घिरावे में मीलों तक चली गई चाँदी के फर्श वाली यह अधित्यका है। बीच से चलने वाले आदमियों और घोड़ों के पैरों ने रास्ते का चिह्न बनाया है। धूप में इस बर्फ की ओर नजर डालने में आँखें चकाचौंध हो जाती हैं।

सभी लोग यहाँ हरे चश्मे लगाते हैं। जिनके पास चश्मा नहीं होता, उन्हें घंटे-आधे घंटे के सफर के बाद में पीड़ा आरम्भ होती है, आँखें सूज आती हैं। मीलों आगे बढ़ने पर जोजीला का वह जल-विभाजक आता है, जिसके एक ओर का पानी काश्मीरी सिन्धु और दूसरी ओर का गुम्बेर में जाता है। घंटों के बर्फ के सफर के बाद आदमी मिचोई पहुँचता है।

मिचोई के आसपास भी बर्फ उसी प्रकार है जिस प्रकार जोजीला पर। यह भी समुद्रतल से ग्यारह हजार फिट से कम ऊँचा न होगा। मिचोई कोई गाँव नहीं है। इस जगह एक छोटा सा डाक-बँगला और सराय (धर्मशाला) है जो पुराने तारघर के मकान में है। इनके अतिरिक्त एक और मकान है, जो जाड़ों में तारघर के तौर पर इस्तेमाल होता है। इस तारघर का कोई और तो काम नहीं मालूम होता, सिवाय इसके कि जाड़े की डाक के जोजीला पर होने की सूचना मिलती रहे। श्रीनगर से लद्दाख तक थोड़ी-थोड़ी दूर पर डाक-बँगले हैं, जिनमें ठहरने वाले को बालतल तक का आठ आना और आगे एक रुपया रोज देना पड़ता है; लेकिन सराय (यह भी अच्छी है) में ठहरने वाले को कुछ नहीं देना पड़ता। पड़ाव वाली जगहों पर ठीकेदार के जिम्मे लकड़ी और चारे का प्रबन्ध किया गया है। पड़ाव से थोड़ा हटकर नीचे से गुम्बेर नदी जाती है। जोजीला के जल से एक तरफ जहाँ गादर्बल वाली सिन्धु निकलती है, वहाँ दूसरी तरफ यह गुम्बेर निकली है। भाषा और भौगोलिक दृष्टि से काश्मीर जोजीला पर ही खतम होता है। उसकी दूसरी तरफ बालतिस्तान का प्रदेश प्रारम्भ होता है।

मिचोई से आगे भटायन में (11000 फिट) 6 मील तक मई के समाप्त होने पर भी बर्फ पड़ी रहती है। सर्दी बहुत अधिक है। दिन में चलने वाली जल प्रणालियाँ सबेरे बर्फ हो जाती हैं। छोटे-छोटे गड्हों में जमी हुई बर्फ की चादरें जरा-सी ठोकर से कच्चे काँच की तरह टूट जाती हैं। इनके छोटे-छोटे टुकड़ों को खिड़कियों में जड़ने को तबीयत करती है; किन्तु जरूरत इतनी ही है कि ये गर्मी में भी ऐसी ही बनी रहें।

छोटी धारों के साथ कल दिन में वहाँ बालू थी। इस समय वह बालू भी ऐसी पक्की सीमेंट बनी है कि उस पर बर्छी भी मुश्किल से असर कर सकती है। जगह-जगह पर्वत-शिखर से गिरी हुई 'माणियाँ' देखने में आती हैं।

'माणी' ज्ञात होता है, संस्कृत हिमानी से बिगड़ कर काश्मीरी में बना है। जोजीला पर, मिचोई से थोड़ा ही ऊपर, अभी सात दिन भी नहीं हुए, इसी तरह की एक माणी ने तीन आदमियों और तीन घोड़ों की बलि ली थी। इनमें एक घोड़ा लँगड़ा होकर बच गया। अस्तु, ये माणियाँ बड़ी बला हैं। न जाने कब लाखों मन बर्फ पास के पर्वत शिखर से नीचे आकर यात्री को अपने नीचे दबा ले।

द्रास (10144 फिट–12½ मील) गुम्बेर और द्रास नामक दो नदियों के संगम से थोड़ा हटकर ऊपर है। पहाड़ियाँ यहाँ भी बिलकुल नंगी हैं, जिनमें से कुछ के ऊपरी भाग पर अब भी हिम है। गेहूँ के खेत अभी-अभी बोने शुरू हुए हैं। खेती के काम में अधिक भाग यहाँ स्त्रियों ही का होता है। बैलों की जगह आम तौर पर यहाँ चोमो से काम लेते हैं। यह नर याक् (चँवरी) और गाय के संयोग से पैदा होता है। खच्चर से विरुद्ध इसकी सन्तान आगे को चलती है। लेकिन बैल से यह अधिक मजबूत तथा शीत सहन करने वाला होता है। इसका रंग अधिकतर काला होता है। पीठ पर डील नहीं होता। पूँछों तथा पट्ठों के बाल याक् की भाँति अधिक लम्बे होते हैं। गेहूँ के अतिरिक्त त्रुम्ब भी यहाँ पैदा होता है, जो सत्तू के काम में आता है। काश्मीर और लद्दाख, दोनों एक-दूसरे से बिलकुल उलटे हैं। यदि एक को बाग और वनस्पति का स्वर्ग कहें तो दूसरे को वनस्पति शून्य नंगे पर्वतों का ठंडा नरक कहा जा सकता है। आश्चर्य यह है कि यहाँ के लोग कैसे अपना गुजर करते हैं। ये लोग घोड़ों के जरिये व्यापारियों के माल को श्रीनगर, लद्दाख आदि पहुँचाते हैं। खाने के लिए मक्की काश्मीर से लाते हैं। यद्यपि प्रकृति का बर्ताव इस प्रदेश से निष्ठुर है, तो भी यदि यहाँ के लोग कुछ बुद्धि से काम लेते तो वह बहुत कुछ नर्म किया जा सकता था। उदाहरणार्थ—यहाँ पर सफेदा वीरी के वृक्ष लगाए जा सकते हैं। राज्य की तरफ से जहाँ-तहाँ कुछ वृक्षों को लगाकर दिखाया भी गया है। इससे एक तो लोगों को मकानों के लिए लकड़ियों का कष्ट न रहता, दूसरे खाना बनाने तथा जाड़े में आग तापने के लिए कष्ट न उठाना पड़ता।

द्रास से एक रास्ता जांस्कार को जाता है और दूसरा लद्दाख को। व्यापारियों के माल के रखने और भेजने को यहाँ मालगोदाम हैं।

यहाँ के तथा दर्दस्तान के भी सभी दर्द सुन्नी मुसलमान हैं।

द्रास से शिम्साखर्बू 21 मील है। रास्ता कठिन तो नहीं है, किन्तु ऊबड़-खाबड़ है। इधर की पहाड़ियों पर गिरने वाले पत्थर अधिक हैं, लेकिन यात्रा के सौभाग्य से जोजीला के उस पार की तरह वर्षा नहीं होती। पन्द्रह मील की यात्रा समाप्त करने पर ठसगाम आता है। बस्ती दर्द (ब्रोक्पा) लोगों की है। हर एक स्त्री-पुरुष की पीठ पर गर्म कपड़ों के अतिरिक्त बकरी का एक छाला भी दिखाई पड़ता है। इधर गेहूँ और जौ की खेती अच्छी होती है। यद्यपि खेत बहुत कम हैं, जिनको आबाद करने के लिए यहाँ के निवासी दूर दूर से छोटी नहर राज्य की सहायता के बिना लाते हैं। ठसगाम के मीलों आगे-पीछे लोहे के पत्थरों की अपार राशि है। मैंने सड़क के पास से एक लाल पत्थर उठाया, जो पीछे ज्ञात हुआ कि तांबे का पत्थर है। प्रकृति देवी ने जहाँ इस प्रदेश को वनस्पति से वंचित किया है, वहाँ दूसरी तरफ इन खनिज पदार्थों को कूट-कूट कर भर दिया है। मालूम हुआ, यहाँ लोहा, ताँबा, सोना आदि कितनी ही धातुएँ हैं, लेकिन उनके निकालने का प्रयत्न नहीं हुआ है। लोग खेती और माल लदाई ही से अपना निर्वाह करते हैं। ट्रीटी रोड मचोई से पामीर (चीनी तुर्किस्तान की सीमा) तक चला गया है।

दर्रे से एक मील नीचे लालुङ् गाँव 12300 फिट पर है। गाँव 40 घर का एक अच्छा-खासा बड़ा गाँव है। दो मस्जिदें और जियारत भी हैं। निवासी कट्टर शिया हैं। सर्दी ज्यादा होने से फसल पोछे बोई गई है। गाँव के नीचे नाले में एक हिमशिला अभी तक है। इसी नाले में लालुङ् से 3 मील नीचे सल्मो गाँव है। यहाँ पर भी शिया मुसलमानों की आबादी है। यहाँ के लोग गन्दगी में शायद पृथ्वी तल पर अद्वितीय होंगे। समुद्रतल से यह भी 10½ हजार फिट ऊपर है। लेकिन लोलुङ् में कोई वृक्ष नहीं दिखलाई पड़ता, किन्तु यहाँ खूबानी, सफेदा और वीरी बड़े हरे-भरे हैं।

'सनचे' प्रथम बौद्ध गाँव— सल्मो से चार मील की कठिन चढ़ाई के बाद प्रथम बौद्ध गाँव मिलता है। बहुत दिन नहीं हुए, यह सारा प्रदेश बौद्ध था, किन्तु आज वह बहुत जगहों से लुप्त हो चुका है। जो बचा है उसके लक्षण अच्छे नहीं दिखाई देते। यह गाँव गर्कुन इलाके में है। इधर पाँच-सात गाँवों में एक विशेष जाति निवास करती है। इन्हें लद्दाखी भाषा में ब्रोक्पा (दर्द) कहते हैं।

मुसलमान ब्रोक्पा वे हैं जिनके बारे में मैं दर्द के नाम से लिख चुका हूँ। लेकिन जहाँ मुसलमान ब्रोक्पा अपनी भाषा को जीवित रक्खे हैं, वहाँ ये लोग उसे भुलाकर लद्दाखी भोटिया भाषा बोलते हैं। लेकिन एक विशेषता है इनका मुख मगोलियन टाइप का न होकर प्राय: शुद्ध आर्य टाइप का है। ये लोग गौ को बड़ी पूज्य दृष्टि से देखते हैं। यह भाव इतनी अतिमात्रा को पहुँच गया है कि ये उसका दूध-मक्खन कुछ नहीं खाते और इसीलिए पालते भी नहीं। इनके गाँव गाय और कुत्ता दो जन्तु बिलकुल नहीं दिखाई पड़ते। ये कहते हैं, गाय का दूध और मक्खन खाने से देवता रुष्ट हो जाते हैं। एक ने तो कहा—खाते ही आदमी बीमार हो जाएगा।

दर्चिक्स—18500 फिट ऊँचे सिन्धु तट पर बसा है। 40 घर की बौद्ध बस्ती में कुछ मुसलमान घर भी हैं। यहीं बौद्ध स्त्रियाँ खास पोशाक रखती हैं, जो सारे गर्कुन इलाके की एक सी है। सिरे पर सैकड़ों सुइयों की पाँती, कच्चे मूँगे, लाल-सफेद मणिकाओं की लड़ियों से सँवारी टोपी, जिस पर दोहरी लाल किनारी वाला मुँह आगे की तरफ, पीछे की तरफ मकोय की तरह अत्यन्त लाल रंग वाले फूलों का गुच्छा अथवा जंगली गुलाब। गले में कितनी ही मूँगा आदि की मालाएँ, कान में चाँदी की छोटी-छोटी मनियों की माला। अनेक छोटी-छोटी चोटियों के पृष्ठ देश पर के संगम में लगा हुआ खूब बड़ा-सा बहुरंग फूलना, जिसमें पीतली मनिकों, कौड़ियों, बटनों से सँवारा चक्र तथा दो शंख या बड़ी सीप के टुकड़े लगे होते हैं। शरीर में आधी बाँहवाला घुटने तक का अति मलिन ऊनी कुर्ता, पैर में चिपका हुआ ऊनी पायजामा—जिसमें पिंड के पिछले भाग में एक-एक लाल चक्र बना हुआ होता है।

जूता ऊनी पप्पू हाथों में दो-दो पीतल की चूड़ियाँ, कधों पर पीतल के दो चक्र, चकमक लोहा, पीतल का दोमुँहा चम्मच, छोटा चिमटा तो सभी स्त्री-पुरुषों के कमरबन्द में लटकता रहता है।

गर्खुन 8900 फिट—4 मील आगे चलकर प्राचीन दर्द-जाति के इस समूह का मुख्य ग्राम है। जान पड़ता है, दर्दस्तान के जबरदस्ती मुसलमान किये जाते समय भागकर ये लोग इन पहाड़ों में आ गए। ये स्वयं भी अपने को गिल्गित से आए हुए कहते हैं। इधर बकरियों के दूध, मक्खन के सिवाय

और कुछ नहीं मिलता, क्योंकि ये लोग गाय को इतना पवित्र मानते हैं कि निरुपयोगी होने में उसे काई नहीं पालता। इन जातियों में एक बड़ा विचित्र रवाज है। जब किसी के घर लड़का होता है तब माता-पिता घर से बाहर नहीं निकलते। पेशाब-पाखाना भी घर के भीतर ही करते हैं, यह अवधि 15 दिन से एक मास तक होती है।

सारे लद्दाख में बड़े भाई ही की शादी होती है। उसकी स्त्री ही औरों की भी स्त्री होती है, किन्तु सन्तान बड़े भाई की ही कही जाती है। सन्तान न होने पर और शादी करने की इजाजत नहीं मिलती है। घर की जायदाद का मालिक सिर्फ बड़ा भाई होता है। इस प्रथा ने जन-वृद्धि में बड़ी बाधा उपस्थित की है। यही नहीं, इसका एक भयंकर परिणाम भी इनके लिए होनेवाला है। बालतिस्तान के मुसलमान बराबर बढ़ रहे हैं। जगह न रहने से वे बौद्ध गाँवों में आकर बस रहे हैं। बौद्धों के तो उतने के उतने ही घर हमेशा रहते हैं; किन्तु ये आगन्तुक मुसलमान छलाँग मारते हुए बढ़ते हैं। जिसका परिणाम एक दिन बौद्धों से इनका अधिक हो जाना है।

गर्खुनीय बौद्धों में शादी प्रायः बड़ी अवस्था में होती है। ये लोग बड़े आमोद-प्रिय हैं। नाचने-गाने का इनमें बढ़ा शौक है। स्त्री-पुरुष अपनी-अपनी टोपियों को रंग-बिरंगे फूलों से सजाते हैं। नृत्य स्थान ग्राम का कोई केन्द्रीय स्थान होता है। नगाड़ा, बैंड की तरह का ढोल, रोशनचौकी और बाँसुरी ये बाजे हैं। पहले सारे ही बाजे बजते हैं। उस समय स्त्रियों की बारी में सिर्फ स्त्रियाँ, पुरुषों की बारी में सिर्फ पुरुष 6-7 या अधिक मिलकर एक स्वर से गीत गाते हैं। गीत का स्वर मीठा होता है, विशेषकर स्त्रियों का। गाना खतम होने पर रोशनचौकी बन्द हो जाती है, सिर्फ नगाड़ा बजता है और दाहिने हाथ के कड़े को बाएँ वाले पर तीन बार मारकर मुट्ठी बँधे हुए हाथ को सिर की ओर उठाकर स्त्रियाँ सलाम अदा करती हैं। फिर नृत्य प्रारम्भ होता है।नृत्य में बाजा एक ही रस बजता है। हाथों की भिन्न-भिन्न मुद्रा बनाते हुए धीरे-धीरे पैरों को ताल के अनुसार चलाती हैं, बस यही नृत्य है। स्त्रियों के बैठने पर पुरुष उठते हैं। इनके गीत उतने मीठे नहीं होते। नाच में हाथ की मुद्राएँ उतने परिमाण में नहीं रहतीं। छंग (जौ की शराब) पी-पीकर, आनन्द-मस्त होकर, नृत्य करते हैं।

बौद्ध के गाँवों की मुसलमान औरतें भी बड़ी स्वतंत्रता से नाच में शामिल होती हैं। गर्खून में 6 औरतों में 3 मुसलमान थीं। मुसलमानियों की पहचान उनकी टोपी है, जो काले रंग की माला, मनिका तथा सुइयों के ताज से शून्य होती हैं। रंग-बिरंगे फूल वे भी लगाती हैं।

इधर स्त्रियों में नाक छिदाने की प्रथा नहीं है। पीठ पर रोयेंदार बकरी की खाल सभी के होती है। नृत्य के समय तो जान पड़ता है, राजा इन्द्र के अखाड़े की परदार परियाँ हैं। उनके गीतों का यहाँ एक नमूना देते हैं—

यक् स्कमा जुम्बरि यक्।
(आज सिर में तारा आज)
सरिमी यस्तुत शर्वि यक्।
(प्रकाशित हो रहा है आज)
यर्मे चोडा गड़बि यक्।
(पूर्णचन्द्र शोभित है आज)
चोडा शुम् शुम् सर्बि यक्।
(चाँद तीन तान शोभित हूँ आज)
दिरिङ् ड़िती डे लम्पो जड़्वो थोड़्।
(आज नींद में स्वप्न सुन्दर देखा)
र्दक् स्पोन्वो यल्वा थोड़्।
(मैंने स्वामी सुन्दर देखा)
ल अड़्वो ग्र्यचिड़् यल्वा थोड़्।
(देवता अति सुन्दर देखा)
दक् स्पोन्वो जड़्वों सेछि स्क्युब्जुक्स।
(मेर जैसे स्वामी सुन्दर ने आसन स्वीकार किया)
बुर्चां डरालाँ छक्सु फुल॥
(बालक हम खड़े हैं हाथ जोड़)

गर्खुन से पाँच मील पर दाह नाला है। यही कर्गिल और लद्दाख तहसील की सीमा है। दूसरे शब्दों में यह मुसलमान और बौद्ध प्रदेशों की सीमा है। दाह गाँव में भी मुसलमान आ बसे हैं, यद्यपि उनकी संख्या अभी कम है।

यहाँ से 10-11 मील आगे अचिन-थड् गाँव है। गाँव के पास नाले के पार आबाद होने लायक जमीन है। अधिकारियों ने उसका बौद्ध और मुसलमान दोनों के साथ बन्दोबस्त किया है। मुसलमान सल्मों गाँव से आकर बसे हैं। बौद्ध इलाके की भूमि आम तौर से इस प्रकार बन्दोबस्त की जा रही है। फल? कुछ दिनों के बाद इस प्रदेश को भी मुसलमानी प्रदेश हो जाना होगा; क्योंकि मुसलमान भूमि के लिए बड़े उत्सुक हैं। इन्साफ तो यह था कि चूँकि बौद्ध अपनी विशेष प्रथा के कारण जनसंख्या बढ़ने नहीं देते और चिरकाल से वे इस देश में अपनी असंख्य 'मानी' और स्तूपों के साथ रहते आए हैं। आज दुनिया के विचारक सन्तान निग्रह के सिद्धान्त पर बड़ी गम्भीरता से विचार रहे हैं। वे मनुष्य जाति के हित के लिए इसे अनिवार्य समझते हैं। अतः इसे कार्य रूप में परिणत करने वाले बौद्धों को कुछ पुरस्कार मिलना चाहिए, न कि वहाँ बेतहाशा सन्तान पैदा करने वाले मुसलमानों को ले जाकर बसाना चाहिए। अचिन-थड् समुद्र-तल से 9400 फिट ऊँचा है! गाँव में पाँच घर बौद्धों के और एक घर मुसलमान का है। लाल टोपी सम्प्रदाय के लाभा की एक गुन्पा भी है। दीवार में गुन्पा के अन्दर दो तरफ दो प्रकार की तसवीरें हैं। एक तरफ तो सात्विक भाव वाली, जिसमें भिन्न-भिन्न मुद्रा के साथ भगवान बुद्ध की पद्मासनस्थ तसवीरें हैं। दूसरी तरफ वाम-मार्ग के बीभत्स चित्र। मुख्य तारा, बोधिसत्व, अतिशा की मूर्तियाँ मिट्टी की हैं, बनी अच्छी हैं।

गाँव के समीप या दूर आप बहुत सी छोटे-बड़े पत्थरों की तीन-तीन हाथ चौड़ी छल्लियाँ देखेंगे। इनके ऊपर असंख्य छोटे-बड़े पत्थर रक्खे हैं, जिन पर 'ओं मनि पद्यहु' मंत्र तिब्बतीय या रंजन अक्षरों में खुदा हुआ है। अक्षर बड़े ही सुन्दर हैं, जिनसे लामाओं की कलाप्रियता जाहिर होती है। किन्हीं-किन्हीं छल्लियों (मानियों) पर लम्बी-चौड़ी पत्थर की पट्टियाँ हैं, जिन पर अत्यन्त सुन्दर अक्षरों में शास्त्र-वाक्य खुदे हुए हैं। ऐसे लाखों शिलालेख रास्ता चलते आपको मिलेंगे। मानियों को रास्ते में रखने का एक और भी अभिप्राय है। बौद्ध इन्हें अपने दाहिने हाथ रखकर चलते हैं, जिसमें आते-जाते समय उनकी परिक्रमा हो जाए और आदमी को उतनी बार के मंत्र जप का पुण्य हो।

गाँवों में तथा उनके ओर-छोर पर अनेक स्तूप मिलते हैं। ये वैसे ही हैं जैसे कि बुद्धगया तथा नालन्दा की खुदाई में मिले हैं। इसके शृंग पर चिह्न, पंचमी के चद्रमा के ऊपर गोल, जिसके ऊपर एक छोटा-सा गोलप्राय खंड होता है। कभी-कभी यह स्तूप एक चौकोर द्वार के ऊपर होता है। भीतर द्वार की छत में बड़े सुन्दर रंग-बिरंगे चक्र, चित्र या मंत्र चित्रित रहते हैं।

स्क्यर्बू चान—अचिन-थड् से 9 मील पर सिन्धु नद के ऊपर यह हरा-भरा गाँव बसा है। गाँव के नीचे दूर तक गेहूँ और जौ के हरे-भरे खेत हैं, जिनमें अनेक छोटी-छोटी नहरें अनवरत बहती रहती हैं। जगह-जगह खूबानी, अखरोट तथा सेब के कितने ही वृक्ष हैं, जिनमें अखरोट विस्तार और छाया के विचार से बड़ा ही भव्य होता है। गाँव में कितने ही अच्छे मकान भी हैं। बौद्धों के मकान मुसलमानों से कई गुना साफ होते हैं। गाँव के सबसे ऊपरी भाग पर पहाड़ से लगी गुन्पा है। यह इधर की अन्य गुन्पाओं की भाँति लामायुरु की गुन्पा से सम्बन्ध रखती है। कोई तीस-बत्तीस लामा रहते हैं, जिनके रहने के लिए कई घर हैं। आजकल युरु गुन्पा में उत्सव है, इसलिए वहाँ बहुत से लामा चले गए हैं। लामों के अधिक होने का एक कारण है। बड़े भाई को ही यहाँ के बौद्धों में सारा अधिकार मिलता है और छोटे भाइयों को उसका एक प्रकार के दास होकर रहना होता है। इसलिए छोटे भाइयों में से कितने ही लामा हो जाते हैं। हर एक गुन्पा में अपनी भूमि होती है, बल्कि यह कहा जाए तो अत्युक्ति न होगी कि लद्दाख की अधिकांश खेती के योग्य भूमि गुन्पाओं के पास है, जिनमें लामा स्वयं या अन्य गृहस्थों से खेती कराते हैं। वस्तुतः वेश के अतिरिक्त साधारण लामों और गृहस्थों में बहुत कम भेद है। यह खेती-बारी, घास-फूस, गाय-बकरी की चरवाही आदि ही नहीं करते; बल्कि दर्शकों या राजकर्मचारियों की सेवा के लिए भी पकड़े जाते हैं। इनका लाल कपड़ा सरकारी नौकरों की दृष्टि में कुछ भी गुरुत्व नहीं रखता। पवित्र संन्यास आश्रम की इस प्रकार अवहेलना तथा इस प्रकार का मर्यादातिक्रमण देखकर एक हिन्दू का हृदय दुखी हुए बिना नहीं रहता, विशेषकर एक हिन्दू राज्य में। यदि अनधिकारियों के लामा (संन्यासी) बनने से यह अवस्था है तो इसका सुधार किया जा सकता है।

गुन्पा के आरम्भ होने के पूर्व ही अनेक स्तूप मिलते हैं, जो दो प्रकार के हैं—एक तो भक्तों की भक्ति के सूचक, दूसरे वे जिनमें स्वर्गीय किसी प्रतिष्ठित लामा की दग्धावशिष्ट अस्थियाँ हैं। दर्शक को इन्हें अपने दाहिनी तरफ करके चलना होता है। फिर वे छोटे-बड़े लोहे, टीन, ताँबे या पीतल के खोखले बेलन आते हैं जिनके ऊपर या भीतर 'ओं मनिद्मे हुँ' खुदा या कागज पर लिखा रहता है। इस तरह के अनेक बेलन भक्तों ने लगा रक्खे हैं। दर्शक जाते वक्त इन्हें घुमाता जाता है, जिसमें उतने मंत्र-जाप का उसे पुण्य हो। इधर गाँवों में कहीं कुत्ते नहीं देखे जाते। पहले-पहल स्क्यर्बू चान गुन्पा में मैंने एक भयंकर काला कुत्ता जंजीर से बँधा देखा गुन्पा में दो मन्दिर हैं। एक तो सात्त्विक, जिसमें भगवान बुद्ध, (जिन्हें ये लोग शाक्यमुनि के नाम से पुकारते हैं) तथा दूसरे बोधिसत्वों की प्रतिमाएँ हैं। कुछ धातुमय स्तूप भी हैं। जूता पहने लोग मन्दिर में चले जाते हैं। मैंने इसके लिए बड़ा फटकारा। वे कहते हैं—यहाँ की यह प्रथा है। दूसरा मन्दिर वह है, जहाँ पर देम्छोग् (यवयुम्) आदि की वीभत्स अश्लील कामवासनोत्तेजक मूर्तियाँ हैं। महाप्रभु गौतम की पवित्र शिक्षा यहाँ आकर कहाँ से कहाँ पहुँच गई! जिन द्वितीय योगिनां चक्रवर्ती ने आजन्म इन्द्रिय-निग्रह का उपदेश दिया उनके नाम पर यह बीभत्स-कांड! इस कोठरी का सारा-वायुमंडल अश्लीलता तथा कामवासना से परिपूर्ण है।

सिन्धु नद—दर्शक से ही हम सिन्धु के किनारे-किनारे ऊपर की ओर चलने लगे थे। सिन्धु यहाँ इन्द्र-नीलमणि की धार-सी मालूम होता है। जाड़े के दिनों में तीक्ष्ण प्रवाह वाले स्थानों को छोड़कर अन्य जगहों पर 1 से 6 इंच तक पानी जम जाता है। एक इंच मोटी बर्फ बोझ के लदे हुए घोड़े के भार को सँभाल सकती है। बर्फ और पक्के शीशे की मजबूती एक-सी है। सिन्धु की धार कहीं चौड़ी और कहीं बोतल की गर्दन-सी है। आसपास के पहाड़ भिन्न-भिन्न खनिज पदार्थों से भरे हैं। सिर्फ सोना निकालने का काम पुराने ढंग से कहीं-कहीं होता है। इसके लिए प्रत्येक आदमी को माहवारी 12 रुपया देकर लैसन्स लेना पड़ता है। सिन्धु के तट के ऊपरी भाग को खोदने वाले खोदकर एक प्रकार की बालू निकालते हैं, जिसे नियारियों की भाँति धो-धोकर सोने के कण इकट्ठे करते हैं। कई जगह पहाड़ में नारंगी, किरम्जी आदि रंगों की

मिट्टी मिलती है, जिससे विज्ञानपटु अनेक रंग तैयार कर सकते हैं। ये पहाड़ सिवाय ग्रामों के जहाँ कि लोगों ने वृक्ष, वनस्पति लगाए हैं, बिलकुल नंगे हैं। स्क्यर्बू चान से 15 मील पर सिन्धु के उस पार वह नाला आता है जिसके किनारे 'ट्रीटीरोड' आता है। सिन्धु पर झूला वाले पुल से पार हो दोनों सड़कें मिल जाती हैं, जिसके बाद खल्सी का बड़ा गाँव आता है।

लामायुरु—ट्रीटीरोड पर खलची से 10 मील पीछे लामायुरु है। यहाँ एक अच्छी-खासी गुन्पा है। युरु वस्तुत: स्वस्तिक चिह्न को कहते हैं। लोग आम तौर पर युरु ही कहते हैं। किन्तु बस्ती में लामों का प्राधान्य होने से लामायुरु कहा जाता है। लामयुरु के आसपास के प्राय: सारे पहाड़ मिट्टी के हैं। गुन्पा एक पहाड़ी के शिखर पर है। पहली जून के आसपास यहाँ उत्सव था, जिसकी वजह से 100-150 लामा एकत्र हुए थे। यहाँ लामा (संन्यासी) और चोमो (संन्यासिनी) दोनों रहते हैं। चोमो के रहने का स्थान गुन्पा से हटकर है।

लामों की पोशाक—नीचे अनेक टुकड़ों को जोड़कर सिला हुआ एक लम्बा तहमंद, उसके ऊपर बाहु-रहित जाकेट, ऊपर से एक लम्बी चादर है। रंग सभी कपड़ों का लाल। इसके अतिरिक्त लम्बा जूता तथा किसी समय टोपी भी पहनते हैं। तिब्बती लामों के दो प्रधान भेद हैं, जिन्हें उनकी भाषा में सेर्पोगोन् (पीतधारी) और मर्पोगोन् (रक्तधारी) कहा जाता है। दोनों के और सब कपड़े तो लाल होते हैं, किन्तु सेर्पोगोन् की टोपी पीली और मर्पोगोन् की लाल होती है। आचार में भी दोनों में भेद है। जहाँ सेर्पोगोन् छङ् (शराब) को निषिद्ध समझते हैं, वहाँ मर्पोगोन् खुल्लम-खुल्ला अपने मठों के अन्दर शराब पीते हैं। जो चोमो (संन्यासिनी) विशेष शिक्षा प्राप्त होती हैं उनकी पोशाक बिलकुल लामों की-सी (त्रिचीवर) होती है। अशिक्षित एक लम्बा चोगा-सा पहनती हैं। इनके सिर भी लामों की तरह मुड़े होते हैं। लामों की भाँति चोमों की भी मुखिया होती हैं, जो उनसे काम लेती तथा कसूर होने पर दंड देती हैं। मठ के लिए चोमो लामा से भी अधिक उपयोगी है। लद्दाख के खेतों का अधिक भाग मठों की सम्पत्ति है। चोमो मठ के खेतों में बड़ा काम करती हैं। लामा या चोमो बनाने का यहाँ बड़ा रवाज है। चूँकि यहाँ पर पिता की सम्पत्ति का एकमात्र उत्तराधिकारी बड़ा लड़का होता है, बाकी उसके दास की भाँति रहते हैं, जिसके बदले में बड़ा

भाई अपनी स्त्री पर उनका भी हक स्वीकार करता है, तथा उन्हें खाना-कपड़ा देता है। किन्तु यह सब बड़े भाई की प्रसन्नता पर निर्भर है। यदि वह नाराज हो तो छोटे को घर से बाहर कर सकता है। इस प्रथा के कारण भी कितने ही छोटे भाई लामा हो जाते हैं। लामा होने पर उन्हें कुछ अधिक स्वतंत्रता तथा खाने-पीने का आराम मिलता है। कुछ लड़कों को पुण्य अर्जन करने के लिए माँ-बाप गुन्पा को भेंट कर देते हैं। कभी-कभी रुग्ण सन्तान से निराश होकर भी उसे भेट चढ़ाते हैं। लद्दाख में स्त्री-पुरुषों की संख्या समान है; लेकिन शादी चार-चार, तीन-तीन भाइयों की एक हो जाती है; इसलिए कितनी ही स्त्रियों को पति नहीं मिलते। ये स्त्रियाँ या तो किसी मुसलमान के पास चली जाती हैं, अथवा गुन्पा में चोमो बन जाती हैं। कोई-कोई लड़कियाँ माता-पिता द्वारा चोमो बनने के लिए अर्पण कर दी जाती हैं।

लामायुरु की गुन्पा फ्याङ् (ज्गौङ्गङ्) की गुन्पा के अधीन है। प्रधान गन्पा का अध्यक्ष कुशक् कहा जाता है। कुशक् के मर जाने पर कोई सर्वज्ञ, लामा बतलाता है कि वह अमुक स्थान पर पैदा हुआ है। और भी निश्चय करने के लिए कभी-कभी ल्हासा के प्रधान दैवज्ञ से सहायता ली जाती है। फिर उस लड़के को, मठ के लामा; अनुनय-विनय करके जैसे हो तैसे माँ-बाप से ले आते हैं। वह बच्चा धीरे-धीरे बड़ा होता है तब तक मठ का काम-काज दूत-पद पर अधिष्ठित एक लामा करता है। बड़ी विचित्र बात है कि ये सभी कुशक् लद्दाख और तिब्बत के ही अन्दर पैदा होते हैं। इनमें से कोई भी भारत या किसी अन्य देश में पैदा नहीं होता। शायद इसलिए कि फिर उसका मिलना मुश्किल होगा। लद्दाख में ऐसे अवतारी पाँच कुशक् हैं, जिनके मठ हैं—हेमिस्, फ्याङ्, रिजोङ्, टिक्से और पितोक्। इनमें प्रथम दो लाल टोपी वाले। पितोक् का कुशक् मर गया। पीछे वह मठों के राजा (हजार-बारह सौ रुपया साल का पेंशनर) के घर द्वितीय पुत्र के तौरपर पैदा हुआ। आजकल वह सात-आठ वर्ष का बालक कुशक् रिजोङ् के कुशक् के साथ रहकर विद्याभ्यास कर रहा है। सारे कुशकों में विद्या के लिहाज से रिजोङ् और भक्ति के लिहाज फ्याङ् अच्छे समझे जाते हैं। पितोक् का भूतपूर्व कुशक् का बकुला बड़ा ही समझदार, उद्योगी तथा पंडित पुरुष था। अब तक लोग उसके लिए अफ़सोस करते हैं। वह उपदेश भी दिया करता था।

दिल्ली-दरबार तथा काशी आदि को भी उसने देखा था। फ्याङ् का कुशक् बड़ा ही साधु पुरुष है। यद्यपि उसने अपने ग्रंथों को तिब्बतीय भाषा ही में देखा है; किन्तु संस्कृत सीखने का उसे बड़ा शौक है। रिजोङ् का कुशक् वैसे है तो पंडित; किन्तु उसने विवाह कर लिया है। टिक्से का कुशक् ल्हासा से आया था। उसने आकर पीछे तम्बाकू, शराब आदि पीना शुरू कर दिया, जिससे मठ वाले रुष्ट हो गए और उसे निकल जाना पड़ा। कहते हैं, पीछे वह ईसाई हो गया। लेकिन आजकल ल्हासा चला गया है। जांस्कार से वह एक औरत भी ले गया था, जिसे उसने दारजिलिंग ही में छोड़ दिया। हेमिस् की गुन्पा सारे लद्दाख भर में धन के विचार से बड़ी है। नकद वार्षिक आय तो 25 हजार के करीब ही बताई जाती है; किन्तु गुल्ला (गेहूँ, ग्रिम, बिना छिलके के जौ) 70-80 हजार मन हो जाता है, जिसका मूल्य दो-तीन लाख होगा। सभी गाँवों में इस मठ की जमीन है। कहते हैं, जब लद्दाख स्वतंत्र था तब एक राजा के दो लड़के थे। बड़ा राजा बना, और छोटा हेमिस् का कुशक् बना और साथ ही आधा राज्य भी उसको मिला। 70-75 वर्ष पूर्व जब वजीर जोरावरसिंह ने लद्दाख को कश्मीराधिपति के लिए विजय किया तब जहाँ और गुन्पाओं ने आक्रमणकारी का साथ नहीं दिया, वहाँ हेमिस् ने सब तरह से मदद दी। तिब्बत की चढ़ाई में भी इस गुन्पा ने अन्न की बड़ी भारी मदद दी। इसके पुरस्कार में हेमिस् की सारी जायदाद उसके पास रह गई। सारे कश्मीर राज्य में भूमि महाराज की है, कृषक केवल काश्तकार है। उसको केवल काश्तकारी तक बेचने का अधिकार है। हेमिस् गुन्पा के लिए भी यही बात है।

लामायुरु का वर्णन करते हुए मैं प्रकरणान्तर में चला गया; किन्तु सभी बातों को अच्छी तरह समझने के लिए इसकी भी आवश्यकता थी युरु की गुन्पा जैसा कि मैंने ऊपर बतलाया है, फ्याङ् की शाखा है। लाल टोपीवालों में भी यह डिगुङ्पा कहे जाते हैं। अन्य गुन्पाओं की भाँति इनका भी प्रधान मठ डिगुङ् के नाम से ल्हासा के पास है। उसमें कहते हैं, सात हजार से ऊपर लामा रहते हैं। कितने ही लामा जब यहाँ से ल्हासा पढ़ने जाते हैं तब अपने प्रधान मठ में रहते हैं। वहाँ उन्हें कुछ दैनिक अपेक्षित वस्तुएँ दी जाती हैं। इसके बदले जब प्रधान मठ का व्यापारी-काफिला इधर खरीद-फरोख्त के लिए आता है तब

सभी पड़ावों पर, जहाँ उनके शाखा-मठ होते हैं, घोड़ों के लिए घास-दान तथा अन्य सामान दिया जाता है। युरु में भी ल्हासा से लौटे कुछ लामा हैं। ल्हासा में तिब्बतीय भाषा में धार्मिक पुस्तकें पढ़ाई जाती हैं तथा रुचिवालों को चित्रकारी भी सिखाई जाती है।

मठों के लामा दो प्रकार के होते हैं—एक नागरिक, दूसरे आरण्यक। दोनों में अन्तर यह है कि नागरिक बड़ी-छोटी गुन्पाओं में रहते हैं और आरण्यक पहाड़ों के एकान्त स्थान में। अरण्यकों के सिर पर जटा भी होती है। इन सारे सौ-डेढ़ सौ लामाओं में सिर्फ एक ऐसा मिला जो टूटी-फूटी हिन्दी समझता था, तथा कुछ देवताओं के संस्कृत नाम भी जानता था। आजकल उत्सव 'छोस्' (धर्म-पुस्तकों के पाठ) का है। मन्दिर में पंक्ति क्रम से पचासों आदमियों के लिए आसन लगे हैं। सामने पुस्तकें रक्खी हैं। कहीं-कहीं धूपदानी भी है। एक तरफ 'शाक्याथूबा' (भगवान बुद्ध) तथा महायान सम्प्रदाय के अनेक बोधिसत्व तथा देवी-देवता हैं। बाएँ कोने में छोटे मन्दिर के अन्दर मैथुनरत देम्छोग्यबयुम तथा दूसरे वाममार्गी देवताओं की मूर्तियाँ हैं। मन्दिर की दीवारों पर जहाँ अनेक बुद्ध बोधिसत्व तथा देवी-देवताओं की मूर्तियाँ हैं, वहाँ द्वार से भीतर घुसते ही बाईं तरफ की दीवार में अनेक भ्रष्ट देवी-देवताओं की मूर्तियाँ हैं। मन्दिर में जूता ले जाने का कोई निषेध नहीं। यहाँ के लोगों ने तो बतलाया कि नंगे पैर से जूते सहित जाना अच्छा है; क्योंकि इनके पैर बहुत ही दुर्गन्ध देते हैं। खैर, मेरी हिम्मत तो जूता पहने देवमूर्ति के सम्मुख जाने की नहीं हुई। पाठ के मध्य में कितनी ही बार मक्खन और नमक डाली गाढ़ी चाय का दौरा भी चलता रहता है। कोई पाठ करता है तो कोई बात भी करता जाता है। वायुमंडल भारी जान पड़ता है। यद्यपि मन्दिर के बीच की छत कुछ ऊँची करके उसमें खिड़कियाँ लगी हैं, किन्तु उनसे इतना प्रकाश नहीं आता कि भीतर का अन्धकार पूर्णतया दूर हो सके। एक तांबे का खुले मुँह का बड़ा बर्तन है, जिसमें तेल भरा हुआ है। इसके ढक्कन में दो इंच के व्यास का एक छेद काटा हुआ है। बीच में बत्ती डाली हुई है। यह दीपक दिन-रात जलता रहता है, यद्यपि इसका प्रकाश सिर्फ बर्तन के भीतरी भाग को ही प्रकाशित करता है। मन्दिर में दाहिनी ओर बाईं तरफ की दीवारों के पास काठ के खानों में अनगिनत ल्हासा की

छपी तथा लिखी पुस्तकें वेष्ठन में बँधी हुई रक्खी हैं। इनमें से कुछ में कुछ संस्कृतवाक्य भी मिलते हैं। यद्यपि अधिकांश तांत्रिक बौद्ध-सम्प्रदाय-की पुस्तकें हैं, तथापि कुछ प्रज्ञापारमिताएँ, विनय वस्तु आदि की भी पुस्तकें हैं।

मन्दिर से बाहर निकलकर बाई तरफ 60-70 आदमियों के बैठने का एक हाल है। इसकी दीवारों पर अनेक रंगों की अति सुन्दर अनेक तस्वीरें हैं। इसमे दरवाजा सिर्फ एक छोटा-सा है, जो एक कोने में है। एक दीवार में अनेक सौम्य देव चित्रावली है तो दूसरे में अनेक बुद्ध, बोधिसत्व और लामा तो तीसरे में पंचमकाररत अनेक देवी-देवता। सबसे हृदयवेधी तो वह चित्र था जिसमें पद्मासनस्थ भगवान बुद्ध को भी उसी प्रकार दिखलाया गया है। भगवान के पवित्र उपदेश और जीवन को इन्होंने क्या से क्या कर दिया! चौथी में अनेक लामा तथा देवी-देवता मनुष्य-कपाल में शराब पी रहे हैं। यह हॉल छङ् (शराब) पीने के लिए है। मन्दिर के पीछे की तरफ इसी तरह के चित्रों वाला, किन्तु अधिक प्रका युक्त इससे बड़ा एक और हॉल है, जिसमें बच्चे-बूढ़े सभी लामा बैठे छङ्-पान कर रहे थे। 12-12 वर्ष के लड़के नशे में चूर थे। पीतल और ताँबे के बड़े बर्तनों से बड़ी-बड़ी करछुलों द्वारा छङ् परोसी जा रही थी। चारों तरफ छङ् की गध फैल रही थी। एक दूसरी कोठरी में, वहाँ से थोड़ा ही हटकर, चोमो (भिक्षुनी) का चक्र चल रहा था। बाहर छत पर अनेक गृहस्थ तथा भिखमंगे भी अपने-अपने प्यालों में छङ्-पान कर रहे थे। यहाँ राज्य की तरफ से छङ् बनाने की कोई मनाही नहीं है।

लामायुरु गाँव में प्राय: 30-40 घर बौद्ध-गृहस्थों के हैं। जमीन अधिकतर मठ की है। जो कुछ पैदावार होती है वह लामों के पास सवाई, लगान तथा पूजा में चली जाती है। मुश्किल से तीन महीने का अनाज उनके पास बच रहता है। बाकी दिन ये लोग मेहनत-मजदूरी, कम्बल-पट्टू की बुनाई आदि के द्वारा काटते हैं। यही दशा सारे लद्दाख की है। ये मुफ्तखोरे लामा गृहस्थों की मेहनत की कमाई से पल कर मोटे हुए हैं; किन्तु बदले में उन्हें शराब आदि की बुरी आदत के शिवाय कुछ नहीं देते। बौद्ध स्त्रियाँ दनादन मुसलमानों से शादी कर रही हैं। यहाँ भी एक मुसलमान एक बौद्ध स्त्री से शादी करके बस गया है। उससे उसके कई लड़के पैदा हुए हैं। बौद्ध इसे बिलकुल बुरा नहीं मानते;

बल्कि उलटे खुश होते हैं। वह भी अन्य ग्रामवासियों से अधिक सुखी है। उसने एक छोटी-सी दूकान रक्खी है। मठ और गृहस्थों के लिए मांस भी तैयार कर देता है। दस वर्ष के बाद उस एक घर से पाँच घर मुसलमानों के हो जाना अनिवार्य है। उसके लड़कों को यहीं काफी लड़कियाँ मिल जाएँगी। यदि प्रत्येक लड़के पीछे चार और सन्तान हों तो तीस-चालीस साल बाद इसके बीस-पचीस घर हो जाएँगे और साठ-सत्तर वर्ष के भीतर-ही-भीतर इस गाँव में पचास घर मुसलमानों के हो जाएँगे। इसके विरुद्ध बैद्ध-घर जितने पाँच सौ वर्ष पहले थे, उतने ही अब हैं, और पाँच सौ साल बाद भी अपनी प्रथानुसार हरगिज नहीं बढ़ सकते, चाहे कम भले हो जाएँ; क्योंकि सम्पत्ति और शादी के लिए अधिकार सिर्फ बड़े भाई को है।

सारे लद्दाख के बौद्धों की पोशाक एक-सी है। मर्द अपने सिर के बाल गूँथकर, ऊन या सूतने जोड़, कमर से नीचे तक की चोटी बनाते हैं। सिर पर कनटोप-ऊनी, सूती या भेड़ के बच्चे की नर्म खाल रखते हैं। प्रायः गहरे लाल रंग का लम्बा ऊनी चोगा, नीचे किसी रंग का पायजामा, पैर में चमड़े के तल्ले तथा उनके उपतल्ले भागवाला, घुट्ठी के ऊपर या घुटने के पास तक के पप्पू जूता, कमर में लम्बा कमरबन्द, जिसमें एक तरफ चकमक का लोहा लटक रहा है, दूसरी तरफ लोहे का पतला-सा कलम रखने का कुलमदान और चाकू खोंसा हुआ है। स्त्रियों की पोशाक काले या लाल रंग का लम्बा चोगा कमरबन्द सहित, पायजामा, पप्पू, सिर पर दो-दो, चार-चार सेर भारी फीरोजे के अनेक टुकडों, ताँबें की ताबीजों से लाल कपड़े में जड़ा हुआ साँप के फन की शकल का 'पीरग' नामक आभूषण, कानों के ऊपर चरू को, बालों में गूँथकर हाथी के कान सा बनाया गया है। दूर से देखने पर ये हाथी के कान और पीरग सूड़ पीछे की तरफ फेंका जान पड़ता है। इसके अतिरिक्त मूँगे आदि की मालाएँ तथा लम्बे बालों वाली बकरी की खाल भी प्रायः प्रत्येक स्त्री की देह पर पाई जाती है। हाथ में शंख का चूड़ा होता है।

मुसलमानों की स्त्रियों काले रंग की पोशाक पहनती हैं। पोशाक है—लम्बा कुर्ता-पायजामा, टोपी, ओढ़नी और पप्पू (चमड़े और ऊनी कपड़े का बना एक तरह का लम्बा बूट)। ओढ़नी पिछले साल (1925 ई.) से शुरू हुई है।

रंग अधिकतर गेहुँआ होता है; किन्तु नहाने-धोने की आदत न होने से वह काला दिखाई पड़ता है। हल जोतने और माल-लदाई के अतिरिक्त सारा काम इनमें स्त्रियाँ ही करती हैं। इनमें धर्मान्धता बहुत अधिक है। अपने गुरुओं को—जिन्हें आगा कहते हैं—बहुत मानते हैं। बाल्ती लोग कर्गिल और स्कर्दू दो तहसीलों में हैं। इनके कई आगा हैं—इनमें से कोई-कोई ईरान से पढ़कर लौटे हुए हैं। इनमें एक विचित्र प्रथा 'मुता' की है। मुता का मतलब मियादी शादी है। मान लीजिए, आप शिया हैं। आप इस देश में चले आए और चाहें कि मैं बीबी वाला बन जाऊँ—किन्तु साथ ही हमेशा के लिए नहीं—ऐसी हालत में किसी युवती लड़की अथवा विधवा से आप मुता के लिए कहेंगे। उसके स्वीकार कर लेने पर मुल्ला बुलाया जाएगा। उसे चार-पाँच आना दक्षिणा देनी होगी। वह उस युवती के साथ आपके इच्छानुसार—चाहे एक रात या दस वर्ष के लिए—कुछ महर (स्त्री-धन) के साथ मुता पढ़ा देगा। प्रतिज्ञात मीयाद के बाद यह सम्बन्ध स्वयं विच्छिन्न हो जाएगा। आगा लोग जब अपने चेलों में घूमते हैं तब हर जगह कई-कई सुन्दरी स्त्रियों के साथ एक-एक दो-दो रात के लिए मुता कर लेते हैं। मुता के लिए इसी दुनिया में सुख होता है, यह नहीं बल्कि वे उपदेश देते हैं कि इस पवित्र कृत्य से मनुष्य स्वर्ग का भागी होता है। पाठकों को इसमें जरा भी सन्देह और आश्चर्य प्रकट करने की आवश्यकता नहीं; यह प्रथा यहाँ पर आम है। किन्हीं-किन्हीं आगों ने तो यहाँ तक फतवा दे रखा है कि विवाहिता स्त्री के साथ यदि एक रात्रि भी कोई पुरुष न शयन करे तो निकाह (विवाह) टूट जाता है। आगों के आने पर स्त्रियाँ तथा उनके पिता-माता बड़ी खुशी के साथ अपनी लड़कियों को उनके सम्मुख मुता के लिए पेश करते हैं। कितने ही पति तो पुण्य लूटने के लिए यहाँ तक बावले हो जाते है कि अपनी स्त्री को तलाक देकर मुता के लिए प्रदान करते हैं। पीछे, आगा के चले जाने पर, उनके साथ निकाह कर लेते हैं।

हिन्दू इधर बिलकुल नहीं हैं, सिवाय कुछ राज-कर्मचारियों और कर्गिल जैसे कस्बों के कुछ व्यापारियों के। प्रलोभनवश कितने ही हिन्दू यहाँ आकर मुसलमान भी हो जाते हैं। लद्दाख की तरफ के बौद्धों की लड़कियों को भी ये मुसलमान आम तौर से ब्याह लेते हैं। बौद्ध इनका जूठा खाते हैं;

किन्तु ये उनका छुआ दूध भी नहीं पी सकते। इसलिए इनको अपनी लड़की देने में बौद्धों को कोई हिचकिचाहट नहीं होती।

कर्गिल— शिम्साखर्बू से 15 मील आगे श्रीनगर से 12 मील पर समुद्रतल से 5790 फिट ऊँचा कर्गिल स्थान है। कर्गिल-तहसील का यही हेडक्वार्टर है। तहसील, अस्पताल, डाक, तारघर के अतिरिक एक प्राइमरी स्कूल भी यहाँ है। बाजार में कुछ हिन्दुओं की दुकानें डाक-बँगला और सराय भी यहाँ की अच्छी है। यहाँ की जलवायु शुष्क तथा ठंडी है। टेम्परेचर 10^0 से ऊपर नहीं जाता; किन्तु जाड़े में वह शून्य से भी 19 अंश (अर्थात हिमबिन्दु से 240 नीचे) नीचे चला जाता है। बाहर से आने वाले यात्री के हाथ-मुँह इधर आते ही फटने लगते हैं। रंग भी स्याह या ताम्रवर्ण हो जाता है। कुछ दिनों पहले यहाँ आकर एक साधु रहे थे। उन्होंने अपने पुरुषार्थ से यहाँ एक शिव मन्दिर बनवाया; किन्तु पीछे वे उदास होकर चले गए। उनकी वह कीर्ति अब भी मौजूद है।

युरु से लद्दाख जाने के लिए खलची जाना पड़ता है। यहाँ डाक, तार और डाक-बँगला है। दो अंग्रेज पति-पत्नी पादरी तथा तीन घर ईसाइयों के भी हैं। उनकी एक पाठशाला भी है। गाँव में कई घर मुसलमानों के भी हैं, जो बौद्ध स्त्रियों से शादी करके बढ़ते जा रहे हैं। मुसलमान दुकानदारी का काम करते हैं। कोई-कोई खेती भी करते हैं। बाहर के मुसलमान और बौद्ध-स्त्रियों की सन्तान 'अर्गोन' कही जाती हैं। ये बड़ी ही गोरी तथा सुन्दर होती हैं। मजहब में ये कट्टर मुसलमान होते हैं।

रिजोङ्— खलची से नूरला होते हुए आगे चलने पर नाले में 3 मील हटकर पहाड़ पर रिजोङ् गुन्पा है! 'रि' यहाँ की भाषा में पहाड़ को कहते हैं, और जोङ् किले को। प्रधान गुन्पा से प्राय: आधा मील नीचे चोमो के रहने का स्थान है। यह पीली टोपी वाले लामों की गुन्पा है। प्राचीन काल में जब बौद्ध धर्म तिब्बत में आया तब वह अपने शुद्ध रूप में था। उस समय तिब्बत में बोज्-धर्म था। धीरे-धीरे बौद्ध लामों पर भी इसका रंग चढ़ गया। इसके बाद भारतवर्ष से दीपंकर श्रीज्ञान नामक महाविद्वान् सुधारक, जिन्हें तिब्बती लोग अतिशा भी कहते हैं, 1042 ई. में तिब्बत में आए। तिब्बत ही में ल्हासा के पास 1054 ई. में दीपंकर ने शरीर छोड़ा। इस महापुरुष ने बहुत सुधार किया।

यहाँ भिक्षुनियों की संख्या 20 है। इनमें जो पढ़ी हैं, उन्हें लामों की सी पोशाक रखने का अधिकार है। ये चोमो लामों से भी अधिक काम करती हैं। दूर तक नाले में गेहूँ, ग्रिम, जौ, शलगम आदि की इन्होंने खेती कर रक्खी है। मीलों तक सफेदा, वीरी और खूबानी का बाग लगाया है।

गुन्पा चारों तरफ से पहाड़ों से घिरी है। सिर्फ एक पतला सा रास्ता खुला है। वस्तुत: यह पहाड़ी किला है। गुन्पा से कुछ दूर नीचे एक मकान है, जिससे आगे शराब, मांस नहीं जा सकता। और न कोई सिगरेट, तम्बाकू पी सकता है। मद्यपान इन लामों के लिए सख्त मना है। लामा प्राय: 30 हैं। तिब्बतीय भाषा में ये अपने ग्रंथों को पढ़ते हैं। इनका कुशक् (महंत) कुछ संस्कृत भी जानता है। आजकल वह खर्दुड्ला के उस पार नुवरा में है। उसने शादी कर ली है। 4-5 वर्षों पहले यहाँ एक नया मन्दिर बना है। मन्दिर की चित्रकारी बहुत अच्छी है। दो बड़ी मूर्तियाँ शाक्यमुनि गौतम बुद्ध और भावी बुद्ध मैत्रेय की हैं। यहाँ पर मन्दिर के अन्दर जूता पहनकर नहीं जाते; किन्तु दर्शक विदेशियों के डर के मारे वे इसका आग्रह नहीं करते। पुराने मन्दिर में बुद्ध अवलोकितेश्वर आदि की मूर्तियाँ हैं। यहाँ भी एक कोने में भैरव की अश्लील मूर्ति है। बौद्धों की संख्या दिन पर दिन घट रही है; किन्तु इन्हें इसकी कुछ चिन्ता नहीं। पूछने पर काल और भाग्य का नाम लेकर घोर निराशा प्रकट करते हैं। और स्थानों से यहाँ के लामा विद्या और आचार में अच्छे हैं।

सस्पोला गाँव से पहले भावी बुद्ध मैत्रेय की 12 हाथ से ऊँची तीन मूर्तियाँ हैं। किसी समय भारत में भी इस तरह की मूर्तियाँ पाई जाती थीं; किन्तु मुसलमानों की धर्मान्धता ने उनका चिह्न तक बाकी न रहने दिया। 'ला' या 'ल्हा' यहाँ की माषा में देवता को कहते हैं। सभी ऊँचे पार्वत्य स्थान इनके विचार से किसी न किसी देवता के स्थान हैं; इसीलिए ये प्रत्येक दर्रे को 'ला' के नाम से पुकारते हैं। मुसलमान भी इसी भाव को प्रकट करते हैं, जबकि वे उन्हें 'पीर' कहते हैं। सस्पोला से 3-4 मील आगे उक्त नाम का दर्रा और मैदान है। फिर नीचे उतरकर नाले में वज्गो ग्राम है। बहुत पुराने समय में यही लद्दाख की राजधानी थी। लेह राजधानी यहाँ से पीछे बनी। अब भी यहाँ नगर-प्रकार के चिह्न हैं। खँडहर भी अधिक हैं। बस्ती कम होते-होते बहुत थोड़ी रह गई है।

मुसलमान भी यहाँ हैं, और बढ़ रहे हैं। पुराने स्तूपों और मानी की छल्लियों की यहाँ बहुत अधिकता है। वज्गो से आगे एक बहुत लम्बा-चौड़ा मैदान है। पानी के बिना यह आबाद नहीं हो सकता, यद्यपि 10-12 मील ऊपर सिन्ध से नहर निकाली जा सकती है। इस मैदान में दो मील से ऊपर लम्बी मानी की छल्ली है। इन सभी स्थानों से निराशा प्रकट हो रही है। जान पड़ता है, लद्दाख के बौद्धों के निराशामय भविष्य पर ये भी शोक प्रकट कर रहे हैं। इस बालू-मिट्टी के मैदान को पार कर नीमू पहुँचते हैं। राज्य का सफेदों का बाग बड़ा सुन्दर है। लोगों ने नहरें निकालकर मीलों लम्बी-चौड़ी भूमि आबाद की है। गेहूँ आदि की खेती चारों तरफ लहरा रही है। अभी ये खेत अगस्त के अन्त में कटेंगे। नीमू में फिर सिन्धु नद छूट जाता है। एक छोटे से दर्रे से हम एक लम्बे-चौड़े मैदान में पहुँचते हैं, जिसके आसपास हिमाच्छादित पर्वत हिमालाएँ दिखाई पड़ती हैं।

फ्याङ्—10 मील आगे चलने पर रास्ते से दो मील ऊपर की तरफ फ्याङ् आता है। यहाँ एक अच्छी गुन्पा है। लामा 10-12, ही रहते हैं; किन्तु कुशक् यहाँ का बहुत ही साधु पुरुष है। यह लाल टोपी वालों की गुन्पा है; अतः वाम-मार्ग (मद्य) का प्राधान्य यहाँ आवश्यक ठहरा। यहाँ भी नये सिरे से गुन्पा बनाने का काम शुरू है। 'देम्छोग' का यहाँ पृथक् मन्दिर है। शराब की बू से यह मन्दिर भरा है। छत से सींग और जंगली मुर्दा जानवर लटकाये हुए हैं। खोपड़ी का प्याला भी देवता के सम्मुख रक्खा हुआ है। मूर्तियाँ और चित्र बड़े गन्दे हैं। कुशक् बेचारा क्या करे जब कि यहाँ की यह परिपाटी ही है। फ्याङ् में भी मुसलमान घर हैं और इसके नीचे वाली भूमि को तो स्तोक् के राजा ने मुसलमान असामियों को दे ही दिया है।

पितोक्—4-5 मील आगे चलने पर सिन्धु नद के किनारे आसपास के पहाड़ों से अलग एक पहाड़ी टेकरी पर 'पितोक्' गुन्पा है गुन्पा साधारण है; किन्तु इसके भूतपूर्व कुशक् बकुला की विद्या और स्वभाव की अब भी लोग बड़ी चर्चा करते हैं। वर्तमान कुशक् सात-आठ साल का बालक है।

पितोक् से 4 मील पर मैदान के ऊपरी भाग में पहाड़ के किनारे लेह नगर है। चढ़ाई मालूम नहीं होती। 'लेह' यहाँ की भाषा में चश्मों की जगह

को कहते हैं। तिब्बत, कुल्लू, पंजाब और यारकन्द, खोतन के सौदागरों को इसी रास्ते से गुजरना पड़ता है। लेह एक सात-आठ मील लम्बे और तीन-चार मील चौड़े ढालू मैदान में स्थित है। सिन्धु यहाँ से पाँच मील पर है। लद्दाख और तिब्बत के सौदागरों की यहाँ भी दूकानें हैं। गर्मी में लद्दाख-जिले का वजीर यहीं रहता है। यहाँ राज्य की ओर से एक अंग्रेजी मिडिल स्कूल तथा जानवरों और आदमियों के अस्पताल भी हैं। ब्रिटिश गवर्नमेंट ने भी अपना अस्पताल खोल रक्खा है; लेकिन उसका सारा प्रबन्ध मोरावियन मिशनरियों के हाथ में है। मिशनरियों का काम बौद्धों को ईसाई बनाना है। वे अपने इस काम में अस्पताल को साधन समझते हैं। फिर गवर्नमेंट ने अपना अस्पताल उनके हाथ में क्यों दे रक्खा है? सिर्फ सहायता की बात होती तो उतना हर्ज न था, यद्यपि राज्य के अन्दर उसकी भी आवश्यकता न थी। गर्मियों में दो मास के लिए ब्रिटिश ज्वाइंट-कमिश्नर भी आकर यहाँ रहता है। चूँकि लद्दाख की सीमा तिब्बत और चीनी तुर्किस्तान से मिली हुई है, इसीलिए सावधानी के लिए भारतीय गवर्नमेंट के राजनीतिक विभाग को यहाँ अपना एक प्रतिनिधि रखने की आवश्यकता पड़ी।

लद्दाख तहसील में सिर्फ 8 पुलिस के सिपाही रहते हैं, जिनको भी कोई बहुत काम नहीं रहता। फौजदारी के मुकदमे बहुत ही कम होते हैं। गाँवों में चौकीदारों की कोई आवश्यकता नहीं। अनेक गाँवों पर एक नम्बरदार और अनेक नम्बरदारों पर एक जेलदार रहता है, जिनका काम समय पर हाकिमों की सहायता करना है। नम्बरदार को अपने हलके की खेतों की आमदनी पर 5 रुपया सैकड़ा मिलता है। जेलदारों को 70 से 100 रुपया सालाना तक मिलता है। यहाँ के लोग बड़े सीधे-सादे, सच्चे तथा भीरु होते हैं। एक मामूली चपरासी वह रोब रखता है, जो और जगह पुलिस सब-इंसपेक्टर का नहीं है। इसका एक और भी बुरा परिणाम है। बौद्ध बेचारे सीधे-सादे हैं, चपरासी बहुत से मुसलमान हैं, कानूनगो और पटवारी भी बहुत से मुसलमान हैं। ये अक्सर उन पर नाजायज दबाव डालते हैं। बौद्धों की लड़कियों को भगाने में भी अक्सर इनका हाथ देखा गया है। हाकिमों और यात्रियों के लिए प्रत्येक गाँव को बारी-बारी से निश्चित स्थान पर नियत संख्या में घोड़े और आदमी रखने होते हैं।

आदमी को दो पैसा मील और घोड़े को एक आना मील मिलता है, जो बहुत कम है। अधिकांश यात्री दिन में 10-12 मील यात्रा करते हैं। इस प्रथा को 'रेस' कहते हैं। लोग इससे बड़ा कष्ट अनुभव करते हैं।

मैंने पीछे लिखा था कि कर्गिल और स्कर्दू इन दो तहसीलों में प्राय: सभी शिया मुसलमान रहते हैं। जो बौद्ध हैं वे भी गर्खुन के दो-चार गाँवों के अतिरिक्त दो इलाकों में मुल्बे और जांस्कार में हैं। इनकी संख्या तीन-चार हजार है। कर्गिल से लद्दाख जानेवाली सड़क पर मुल्बे पड़ता है। इन बौद्धों की क्या अवस्था है, यह इससे मालूम हो सकती है। बोध-खर्बू (शिम्साखर्बू से भिन्न) की तरफ का रहनेवाला 18-19 वर्ष का एक युवक कर्गिल में मिला। उसकी माँ मुसलमानिन है। बाप, तीन भाई और दो बहनें बौद्ध हैं। तू क्यों मुसलमान है, यह पूछने पर उसने कहा—मेरी माँ जो मुसलमान है। जिसका बाप मुसलमान होगा उसके तो सभी बच्चे मुसलमान होंगे। माता के मुसलमान होने पर एक पुत्र जरूर मुसलमान होगा; ताकि माता के लिए वह फातिहा पढ़ सके। माँ के मुसलमान होने से यह न समझिए कि इधर के मुसलमान बड़े हैं; इसलिए वे अपनी लड़की को गैर-मुसलमान से ब्याह देते हैं। नहीं, वे भी बौद्ध माता-पिता की ही सन्तानें हैं, जो खामखाह स्वेच्छापूर्वक इस्लाम के गल्ले में दाखिल की गई हैं।

ये शिया मुसलमान तो कश्मीरी पंडितों तक को काफिर समझ उनके हाथ का पानी तक नहीं ग्रहण करते। मुल्बे और जांस्कर वे इलाके हैं, जहाँ के बौद्ध मुसलमान हुए बिना बहुत दिनों तक बच नहीं सकते। जहाँ किसी गाँव में एक मुसलमान आया, पहले तो वह वहीं से अपने और अपने सहधर्मी मित्र के लिए उस गाँव के बौद्धों में से दो-एक लड़की अवश्य लेगा। मुसलमान बौद्धों के हाथ का पानी नहीं पीते। उधर बौद्ध और उनके बड़े-बड़े लामा महन्त मुसलमानों का जूठा तक खा जाते हैं। इसकी वजह से बौद्ध मुसलमानों को अपने से ऊँचा समझते हैं और उनके साथ अपनी लड़की की शादी होते बुरा नहीं मानते। बालतिस्तान में मुसलमानी आबादी बराबर बढ़ रही है। एक यहाँ के अनुभवी सज्जन ने कहा कि यहाँ गाँवों में लड़के 70-80 फीसदी तक पाये जाते हैं। इसमें शक नहीं कि गाँवों में लड़के अधिक देखने में आते हैं।

मनुष्य-गणना की रिपोर्ट से बालतिस्तान की असाधारण जनवृद्धि का पता लगता है। इस बढ़ती हुई जनसंख्या का आसपास के प्रदेशों पर धावा मारना स्वाभाविक है। फलतः मुसलमान एक-दो करके आसपास के बौद्ध इलाकों में चले जाते हैं। बौद्ध बड़ी खुशी से इन मुसलमानों को अपने गाँवों में स्थान देते हैं, क्योंकि उन्हें भेड़-बकरी हलाल कर देने वाला एक उपकारी मनुष्य मिल जाता है। धीरे-धीरे हर एक घर से दो और दो घर से चार घर हो जाते हैं। फिर वह बड़े ठाट-वाट से अपने गुरु आगा की पधरावनी अपने यहाँ कराता है। देखा-देखी मिथ्या विश्वास में सम्पूर्णतया मग्न गाँव के बौद्ध भी आगा की खिदमत के लिए आते हैं। आगा उन्हें भी इस्लाम की वर्कत का उपदेश देता है। यहाँ के गाँव दो पहाड़ों के वीच से जाने वाले नालों या नदियों के किनारे बसे हैं। आगा की सवारी नाले के किनारे के सभी गाँवों में जाया करती है। जहाँ दो-चार साल इस तरह पधरावनी हुई कि सारा नाला मुसलमान हुआ।

ये आगे बड़े चतुर हैं। जब मुसलमानों की संख्या कम देखते हैं तब शरीयत की पाबन्दी पर जोर नहीं देते। अपने अनुयायियों को भी बौद्धों के साथ मिलकर नाचने-गाने देते हैं; किन्तु जैसे ही सारे गाँव के लोग मुसलमान हुए कि इन सभी काफिराना रस्मात को बन्द करा देते हैं। संक्षेप में बौद्ध गाँव का नाचता-गाता अकेला मुसलमान भी पक्का मुसलमान है। उसे बौद्ध कभी हजम नहीं कर सकते; किन्तु दूसरी तरफ बौद्धों में हिन्दुओं की कमजोरियाँ विद्यमान हैं। वह गुन्पा में भी पूजा कर लेता है और अक्सर पा मुसलमानी जियारतगाह की भी जियारत कर सकता है। वस्तुतः भूत-प्रेत की बहुत सी कथाओं के अतिरिक्त उसे अपने धर्म का कुछ पता भी तो नहीं होता। पता हो कैसे, जबकि उसका चुरु—लामा भी छङ् (कच्ची शराब) को बेधड़क उड़ाता है। कामवासना की तृप्ति के लिए धर्मानुसार उसे स्त्री भी मिल जाती है। गृहस्थों के धन से मौज करते हुए ये हजारों लामे यदि अपने कर्तव्य का षोडशांश भी पालन करते तो आज यह दशा इन बौद्धों की क्यों होती? मुल्बे की तरफ गुन्पा (बौद्धमठ) गिर रही है, क्योंकि उनके अनुयायी कम होते चले जा रहे हैं। वह दिन बहुत नजदीक है, जबकि मुल्बे और जांस्कार में भी एक गुन्पा और बौद्ध नहीं रह जाएगा।

बौद्धों के ह्रास के और भी कारण हैं। एक तो बड़े भाई के अतिरिक्त दूसरों की शादी का अधिकार न होना। बाकी भाइयों की भी उनकी भाभी ही स्त्री होती है। दूसरे, बाप की सम्पत्ति सिर्फ बड़े लड़के को मिलती है। इसकी वजह से भी अनेक छोटे भाई मुसलमान हो जाते हैं; क्योंकि मुसलमान होने पर उन्हें अलग स्त्री भी मिल जाएगी और इधर-उधर से कुछ जायदाद भी पैदा कर सकता है। एक और भी बात है, जिससे इनकी जड़ कट रही है; ये पहाड़ी लोग राज कर्मचारियों से बहुत डरते हैं। एक मामूली चपरासी भी उनके लिए लाट साहब से कम नहीं है।

इधर 40-40 मील तक का एक ही पटवारी होता है। यदि कहीं पटवारी मुसलमान हुआ, चपरासी और सिपाही भी मुसलमान; पेशकार और रिश्तेदार भी मुसलमान और कोई तहसीलदार (जिसे कि द्वितीय श्रेणी के मजिस्ट्रेट का अधिकार है) मुसलमान हो; साथ ही बड़ा हिन्दू अफसर यदि हिन्दू हो, किन्तु मुसलमानों से डरने वाला अथवा अपने मुसलमान निम्न कर्मचारियों के वश में हो, तो आप ही सोचें इन सीधे-सादे बौद्धों पर क्या गुजरती होगी। लद्दाख की अवस्था बिलकुल ऐसी ही है। हिन्दू राज्य होने पर भी मुसलमान जायज-नाजायज सभी तरीके से अपने पड़ोसियों को दबाते रहते हैं। बौद्ध बेचारे भोले-भाले हैं। उनकी कहीं पूछताछ नहीं। उदाहरणार्थ श्रीनगर को ले लीजिए। वहाँ पर लद्दाख, यारकन्द आदि की तरफ से जाने वाले मुसलमान सौदागरों के लिए अच्छी दोमहली पक्की सराय है, किन्तु बौद्ध व्यापारी ईदगाह के मैदान में छोलदारी लगाकर रहते हैं। उस दिन सिन्धुतटवर्ती गर्कुन गाँव के कई ग्राम-वासियों ने पूछा—हमारा महाराजा मुसलमान हो गया है तो उसका मुसलमानी नाम क्या पड़ा है? हिन्दू नाम हरीसिंह तो हम जानते हैं। हमारे बहुत समझाने पर भी उन्हें विश्वास नहीं हुआ, क्योंकि उन्होंने अपने किसी विश्वसनीय मुसलमान के मुख से यह बात सुनी थी। वे यह बात भी कह रहे थे कि जब हमारा राजा मुसलमान हो गया है तब हमारा क्या?

2

मेरी लद्दाख यात्रा

1933

द्वितीय लद्दाख यात्रा

सारनाथ में अनागरिक धर्मपाल का शव-सम्मान करते, प्रयाग में पंडित जयचन्द विद्यालंकार से मिलते मैं लाहौर के लिए रवाना हुआ। अबकी यात्रा जम्मू के रास्ते करनी थी, उसी रास्ते से दूसरी बार न जाना मेरे स्वभाव में दाखिल हो गया है। 15 मई को जम्मू में पहुँच वहाँ विज्ञान के प्रोफेसर माणिकचन्द के यहाँ ठहरा। मुझे यह मालूम करके बड़ी प्रसन्नता हुई, कि मेरे लद्दाख के सहायक श्री रामरखामल इंजीनियर यहीं हैं। जिस वक्त मैं उनकी कोठी पर मिलने गया, तो वे वहाँ मौजूद न थे, लेकिन लौटने पर जैसे ही उन्हें खबर मिली, वह मिलने आए। अब वह डिविजनल इंजीनियर थे। सात वर्षों की उनके चेहरे पर छाप थी, किन्तु अब भी वह वैसे ही सहायता के लिए उत्सुक थे, जैसे लद्दाख की यात्रा में।

17 मई को जम्मू से मैं मोटर द्वारा श्रीनगर के लिए रवाना हुआ। यह सड़क मेरी पिछली यात्रा के बाद तैयार हुई थी। रास्ते में हर जगह खाने-पीने की दूकाने थीं। झीबर (धीवर) लोग बहुत सस्ती और स्वादिष्ट रोटी-मांस बेचते थे। रास्ते के पहाड़ और गाँव सुन्दर थे, किन्तु मेरी आँखों को तो तब तक तृप्ति न हुई, जब तक कि मैं देवदारों के पहाड़ में न पहुँच गया।

पुराने परिचित डॉक्टर कुलभूषण से मेरा बराबर पत्र-व्यवहार रहा, इसलिए मुझे वे भूले न थे, और श्रीनगर में उन्हीं के यहाँ ठहरना तै हुआ था। डॉक्टर कुलभूषण विलायत के पढ़े डॉक्टर, और श्रीनगर म्युनिस्पेल्टी के हेल्थ-आफिसर थे।

विलायत से लौटने पर उन्हें संस्कृत पढ़ने का अनुराग पैदा हुआ, और इसके लिए उन्होंने नियम से कुछ घंटे देने शुरू किये थे। उनका सिद्धान्तकौमुदी पढ़ना मुझे नापसन्द था, इसलिए नहीं कि सिद्धान्तकौमुदी पाठ्य पुस्तक के तौर पर बेकार चीज है, बल्कि इसलिए कि डॉक्टर साहेब को उन सूत्रों को याद करने की फुर्सत न थी। उसकी जगह यदि उन्हें साहित्यिक ग्रंथों को पढ़ाया जाता, और प्रयोगात्मक व्याकरण का ज्ञान कराया जाता, तो ज्यादा लाभप्रद होता। उन्हें संस्कृत बोलने का बड़ा शौक था। डॉक्टर कुलभूषण अब शहर से बाहर अपने निजी घर में रहते थे, जहाँ मेरे लिए एक कमरा रिजर्व था। डॉक्टर साहेब कट्टर आर्यसमाजी थे। छै साल पहिले भी मेरे व्याख्यानों में बुद्ध की प्रशंसा पाकर उन्होंने कहा था, कहीं आप बौद्ध न हो जाएँ, और वह बात सच निकली। इस वक्त उन्हें यह देखकर अफसोस होता था, कि मैं आर्यसमाज में नहीं रहा।

अबकी बार मेरी मुख्य मंशा थी गिल्गित जाने की। मेरे दोस्त श्री श्यामबहादुर बैरिस्टर ने कश्मीर-सरकार के शिक्षा मंत्री चौधरी वजाहत हुसेन (I.C.S.) को मेरे बारे में परिचय पत्र लिख दिया था। मुझे यह भी मालूम हुआ था, कि गिल्गित में प्राप्त हस्तलिखित ग्रंथों का एक भाग यहीं पर है। चौधरी साहेब से मिलने मैं उनके आफिस में गया, वह बड़े प्रेम से मिले, और कहा कि मुझसे जो कुछ हो सकता है मैं आपकी सहायता के लिए तैयार हूँ। उन्होंने बड़े उत्साह के साथ अपने साथी एक दूसरे अधिकारी से 'मेरे मुल्की' (स्वप्रान्तीय) के तौर पर परिचय कराया, किन्तु मुझे बड़ी निराशा हुई जब हस्तलेखों के अधिकारी ने इस शर्त के साथ उनकी झाँकी कराना स्वीकार किया, कि मैं नोट न लूँ। उनका कहना था, कि ग्रंथ सरकार स्वयं प्रकाशित कराना चाहती है, इसलिए वह नहीं चाहती कि कोई दूसरा विद्वान् उसमें हाथ लगाए। वे महत्त्वपूर्ण हस्तलेख बस्ते बाँधकर ऐसे रखे गए थे, कि मालूम होता था, किसी व्यापारी का बहीखाता है। बारह-तेरह सौ वर्ष पुराने भोजपत्र पर लिखे उन हस्तलेखों की दुर्गति हो रही थी, उनमें से कितने ही टुकड़े झड़ रहे थे—पुराना भोजपत्र बहुत हल्के दबाव से टूट जाता है। सरकारी ग्रंथमाला के अध्यक्ष श्री मधूसूदन कौल से मिलकर बड़ी प्रसन्नता हुई। वह भी मेरी ही तरह इन ग्रंथों की रक्षा

और सम्पादन के लिए व्यग्र थे। उन्होंने ग्रंथों की एक विस्तृत सूची भी तैयार की थी, किन्तु राज्य के बहुधंधी ऊँचे अधिकारी काक अपने नाम से प्रकाशित करा यश-अर्जन करना चाहते थे। मेरी निराशा की सीमा न रही, जब मैंने वहाँ के म्यूजियम की दुरावस्था को देखा। महाराजा उसे बेकार समझते थे, और एक बार तो नीलाम कर देने पर तुल गए थे, किन्तु जब लोगों ने समझाया कि इससे भारी बदनामी होगी, तो अपने इरादे से बाज आए। आधुनिक विज्ञान के आविष्कारों की भाँति भोग-विलास की सामग्री में भी धनिकों ने बड़े-बड़े आविष्कार किये हैं, जिसके लिए लाख नहीं, करोड़ भी कोई चीज नहीं है। फिर यह रंगीले महाराज तो एक रात के लिए पेरिस की एक अप्सरा को बीस लाख का चेक काटने के लिए जगद्विख्यात हो चुके थे।

म्यूजियम ज़िस अवस्था में था, उससे तो कहीं अच्छा होता, कि वह किसी अधिकारी संस्था के हाथ नीलाम कर दिया जाता। उसे एकाध चौकीदारों के हाथ में रख दिया गया था, जिनसे कुछ रुपयों में इतिहास और कला की अनमोल सामग्री खरीदी जा सकती थी और खरीदी जा रही थी। शायद यूरोप का पतित से पतित धनी भी ऐसी बर्बरता नहीं कर सकता था।

गिल्गित के हस्तलेखों के सिलसिले में एक दूसरे मंत्री श्री वी.एम. मेहता से भी मिला। वह जायसवाल जी के दोस्त थे, उन्होंने भी मेरे उद्देश्य के साथ सहानुभूति प्रकट की; किन्तु वह ऐसे यंत्र के पुर्जे थे, जिसमें उन्हें अपनी बेबसी प्रतीत हो रही थी। कुछ दिनों बाद श्री एन.सी. मेहता (I.C.S.) श्रीनगर आए, और मेरे आने की बात सुनकर उन्होंने मिलने की इच्छा प्रकट की। उन्हें कला-पारखी के तौर पर मैं जानता था, इसलिए फोन आने पर मैं उनसे मिलने गया।

श्रीनगर में रहने का अधिकांश समय मैंने वहाँ के पुराने स्थानों को देखने, दोस्तों से मिलने और लिखने-पढ़ने में बिताया। रोज सबेरे नदी के बाँध पर 3-4 मील टहलने जाता, जिसमें बहुधा डॉक्टर कुलभूषण भी शामिल होते। कई बार शंकराचार्य के पहाड़ पर चढ़ा, यद्यपि पिछली बार की तरह प्रतिदिन चढ़कर पहाड़ पर चढ़ने के अभ्यास के लिए नहीं। मार्तंड और दूसरे ध्वंस अबकी मैंने ज्यादा शौक से देखे, क्योंकि अब मैं उन पुराने पाषाणों की मूकभाषा को समझता था। कश्मीरी पंडितों में कुछ की रुचि बौद्धधर्म की ओर थी,

और उनके कई निमंत्रण भी मुझे स्वीकार करने पड़े। कुछ ही दिनों बाद जर्मनबौद्ध ब्रह्मचारी गोविन्द भी आ गए, फिर तो 'खूब निबहैगी जब मिल बैठेंगे दिवाने दो' की कहावत चरितार्थ होने लगी।

गिल्गित और लद्दाख जाने के लिए अंग्रेज ज्वाइंट कमिश्नर के पर्मिट (आज्ञापत्र) लेने की जरूरत पड़ती थी। मैंने गिल्गित का पर्मिट माँगा, तो उन्होंने कहा—अफसोस, हम वहाँ जाने का पर्मिट नहीं दे सकते। अपने ही घर में आखिर हम भारतीय बेगाने थे, फिर कलेजे में सुई चुभने की शिकायत करने की जरूरत? गिल्गित दूसरे यूरोपियन—फ्रेंच या हुंगेरियन—जा सकते हैं, किन्तु एक भारतीय को उधर जाने की इजाजत नहीं। सोवियत ताजिकिस्तान की सीमा गिल्गित से दूर नहीं है, इसलिए ब्रिटिश सरकार गिल्गित में अपना एक हवाई मोर्चा और फौजी छावनी बनाने की धुन में थी। उस वक्त भी अफवाह थी, कि अंग्रेज गिल्गित को राज से ले लेना चाहते हैं। गिल्गित यात्रा से निराश होने पर मैंने लद्दाख जाना तै किया, ब्रह्मचारी गोविन्द ने भी साथ चलने की इच्छा प्रकट की। पासपोर्ट देखने पर ब्रिटिश ज्वाइंट कमिश्नर ने परमिट देना मंजूर कर लिया।

जोजीला पार के घोड़े वाले अब श्रीनगर पहुँचने लगे। हमने द्रास या कर्गिल के लिए सवारी और बारबर्दारी के लिए टट्टू किराये किये, और 6 जून को श्रीनगर से रवाना हो गए। घोड़ेवाले घास देखकर रात को ठहरना पसन्द करते थे, हमने भी उनके काम में सहयोग देना पसंद किया। मैं तो फोटोग्राफी में बिलकुल नौसिखिया था, लाहौर में तो फोटो लेने में असफल रहा, किन्तु यहाँ के दो-चार चित्रों से कुछ आशा बँधी थी। ब्रह्मचारी गोविन्द फोटो ही अच्छा नहीं लेते थे, बल्कि वह एक अच्छे चित्रकार थे। हम लोग पहिली रात गाँव से कुछ दूर नदी के किनारे रात के लिए ठहरे। सबेरे के वक्त काफी सर्दी थी, किन्तु इसी वक्त मुझे पश्मीने की चादर की करामात मालूम हुई—उस पतली चादर में लोई जितनी गर्मी थी।

हमारा खाना घोड़ेवाले दरद बनाते थे, और सिवाय कोको के हमारा भोजन सोलहों आना हिन्दुस्तानी होता था। ब्रह्मचारी गोविन्द के साथ बात करने में आनन्द आता था। वह कलाकार, दार्शनिक होने के अतिरिक्त यूरोप, अफ्रीका और ऐशिया के कितने ही भागों में घूमे हुए थे। उनका स्वभाव मृदुल, वार्तालाप

का ढंग आकर्षक और रहन-सहन सीधा-सादा था। चिड़चिड़ापन तो उनमें छू तक नहीं गया था। साम्यवाद के साथ भी उनकी सहानुभूति थी, यद्यपि वह उसमें उतना दूर तक जाने के लिए तैयार न थे, जितना कि मैं। पिछले महायुद्ध में वह सैनिक रह युद्ध के भयानक दृश्य को अपनी आँखों देख चुके थे, वह खूब महसूस करते थे, कि वर्तमान आर्थिक व्यवस्था के बदलने की भारी जरूरत है। वह एक आदर्शवादी व्यक्ति हैं, यद्यपि उस आदर्शवाद में एक धर्मप्रेमी कलाकार का हृदय होने से भी उनमें शान्तिकामना और करुण सम्मिश्रण—मंजिल के अन्त में ही नहीं आरम्भ और मध्य में भी बहुत ज्यादा है।

जोजीला (जोत) पार हो घोड़े वाले हमें रास्ते से बाएँ हटकर काली सिन्ध के किनारे अपने गाँव होलियाल में (11 जून) ले गए। दरद-भाषा में हर एक नदी सिन्ध या सिन्द कही जाती है। अभी भी, मानो, इस शब्द का वैदिक अर्थ वहाँ प्रचलित है। गाँव में तीस के करीब घर हैं, और वे बहुत गरीबी की जिन्दगी बसर करते हैं। वनस्पतिहीन नंगे पहाड़, अपनी ऊँचाई, वर्षा की कमी और सिंचाई की कठिनाई के कारण खेती या बागबानी के अनुकूल नहीं हैं। घोड़ों से माल लादना ही यहाँ के लोगों की प्रधान जीविका है। मेरे मित्र एक दिन एक आदमी से पूछ रहे थे—"जब खाने की यह हालत है, प्रकृति तुम्हारे साथ इतनी निष्ठुर है, तो इतने बच्चे क्यों पैदा करते हो?"—हमें बतलाया जा चुका था, कि उस गाँव में पिछले 50 वर्षों में तिगुने घर बढ़ गए हैं। उत्तर मिला—जिसने पैदा किया है, अर्थात खुदा, वही सब सँभालेगा। ब्रह्मचारी गोविन्द ने कहा—"हाँ, यदि खुदा नहीं, तो भूख और महामारी तो उन्हें सँभालने के लिए तैयार ही है।" यहाँ हम लोगों को बहुपति-विवाह की उपयोगिता मालूम हुई। यदि तिब्बती लोगों की तरह यहाँ वाले भी सब भाइयों के लिए एक स्त्री लाते, तो पचास क्या, पाँच सौ बरस बाद भी उतने ही घर रहते, किन्तु वे तो खुदा के भरोसे बच्चे पर बच्चे पैदा करते जा रहे हैं।

'सिन्ध' के किनारे-किनारे हम आगे बढ़े। द्रास से कुछ आगे पहुँचने पर रास्ते में हमें वह खंडित मूर्तियाँ और शिलालेख मिले। शिलालेख सातवीं-आठवीं शताब्दी की लिपि में था। पढ़ने-भर का समय न था, मैंने फोटो लिए, किन्तु अभी उतना उसका अन्दाजा न था, और उसमें मैं सफल नहीं रहा।

कर्गिल में हम दो दिन (15-16 जून) ठहरे। यद्यपि जोजीला से पहिले पर्मिट देखने के लिए एक आदमी दौड़ा आया था, किन्तु वह शायद ब्रह्मचारी गोविन्द के यूरोपीय रंग के कारण। वैसे कर्गिल तक अब पर्मिट की जरूरत नहीं पड़ती थी। पिछली यात्रा के समय से जरूर कुछ उदारता दिखलाई गई है। कर्गिल में तहसीलदार ने पर्मिट देखा। हमें वहाँ दो-तीन दिन ठहरना था। यहीं मालूम हुआ, कि ङरी-लामा—जिन्होंने ल्हासा में दलाई-लामा से मिलकर मेरे रहने में बड़ी सहायता की थी—आजकल लद्दाख से होते जांस्कर में ठहरे हुए हैं। रास्ता छोड़कर जांस्कर जाने में फिर घोड़ों के पाने में दिक्कत होती, इसलिए हमने उधर जाने का खयाल छोड़ दिया।

मुल्-बेक में भी हम दो दिन (18-19 जून) ठहरे। गोविन्द जी वहाँ के रंगबिरंगे पर्वतों को चित्रित करना चाहते थे, वे तो अपने काम में व्यस्त रहे, और मैं वहाँ के लोगों की सामाजिक-आर्थिक अवस्था का अध्ययन करने लगा। प्रकृति यहाँ भी निष्ठुर है, किन्तु सन्ततिनिरोध में बहुपति-विवाह बहुत सहायक है, इसलिए लोगों को उतनी कठिनाई का सामना नहीं करना पड़ता। यहाँ एक स्कूल है, जिसमें पढ़ाई उर्दू द्वारा दी जाती है। नौकरी का लोगों को आकर्षण नहीं, फिर ये तिब्बती भाषाभाषी लोग क्यों उस मुश्किल भाषा और उससे भी ज्यादा मुश्किल लिपि को पढ़ने में मन लगावें। तिब्बती भाषा के पढ़ाने का कोई बाकायदा इन्तिजाम नहीं है, तो भी कितने ही व्यक्ति साक्षर हैं। यदि कश्मीर-सरकार उन्हें अपनी भाषा में शिक्षा दिलाती, तो ये लोग बड़े चाव से पढ़ते। किन्तु सरकार सबको साक्षर करना अपना फर्ज थोड़े ही समझती है। मुल्-बेक् में पर्वतगात्र में खुदी मैत्रेय की एक सुन्दर प्रतिमा है, जो बतलाती है, कि किसी वक्त यहाँ भारतीय मूर्तिकला के अच्छे शिल्पियों की कमी न थी।

मुल्-बेक् और उससे आगे के गाँवों पर अधिकार जमाने में इस्लाम और बौद्धधर्म का संघर्ष रहा है, कर्गिल मुल्-बेक तक के गाँव अभी लोगों के होश में मुसलमान हुए। मुल्-बेक् पहुँचने से पहिले हम यहाँ कुछ अच्छे-अच्छे मकानोंवाले एक गाँव से गुजर रहे थे। उसी वक्त एक भद्र पुरुष ने आकर हमें चाय पीकर जाने के लिए आग्रह किया। बैठक में अच्छे यारकन्दी कालीन बिछे हुए थे। मकान में कुछ सजावट भी थी। मालूम हुआ, वह एक अच्छे व्यापारी हैं।

इस्लामी देश-दुनिया देखे होने से इन्होंने भी स्त्रियों को पर्दे में रखना अपना कर्त्तव्य समझा था।

मुल्-बेक् आगे लामायुरु के पहिले तक मुस्लिम-बौद्ध-मिश्रित बस्तियाँ थीं। आबादी दूर-दूर। वही नंगे पहाड़, वही सूखी जमीन, किन्तु फसल के जम आने से कितने ही हरे-हरे खेतों को देखकर आँखों की थकावट दूर हो जाती थी।

मुल्-बेक् से पहिले शरगोल में 17 जून को हम गाँव के मुखिया के घर पर ठहरे थे। मुखिया स्वयं कट्टर मुसलमान था, ब्याहने या रखेली रखने से जैसे भी हो दूसरों को मुसलमान बनाने में वह भारी पुण्य (सवाब) समझता था, किन्तु उसकी माँ पर उसका असर नहीं हुआ था। बुढ़िया को जब मालूम हुआ, दो बौद्ध भिक्षु आए हैं, तो वह छत के ऊपर आई, और तिब्बती कायदे से उसने साष्टांग प्रणाम किया। वह फूट-फूटकर रोते हुए कहने लगी—"मेरा लड़का बड़ा जुल्म करता है, मुझे पूजा-पाठ और लामाओं का सत्कार तक नहीं करने देता। मैं तो मृत्यु के घाट पर बैठी हुई हूँ, और यह कुछ कमाई नहीं कर लेने देता। अपने तो यह नरक में जाएगा ही, और अपनी बूढ़ी माँ को भी वहीं ढकेलना चाहता है।" गाँव से थोड़ी दूर पर एक गुम्बा (बौद्ध विहार) थी, जो पर्वत की स्वाभाविक गुहा में इस तरह बनाई गई थी कि बाहरी दीवारें शिला से मिली हुई उसमें चिपकी-सी मालूम होती थीं। किन्तु रास्ते में शिम्साखर्बू और दूसरी जगहों पर उजड़ी गुम्बाओं की खड़ी दीवारें हमने देखी थीं और साफ मालूम हो रहा था कि अनुयायी जिस तरह कम हो रहे हैं, उससे इस गुम्बा की भी वही हालत होनेवाली है।

हमें पता लगा था, कि यहाँ से कुछ दूर पर एक प्राकृतिक गुफा है, जिसमें पुरानी मुद्राएँ और मिट्टी की मूर्तियाँ मिलती हैं। वैसे होता तो मुखिया (नम्बरदार) हमारी मदद नहीं करता, किन्तु तहसीलदार का पत्र था, इसलिए उसने भाड़े पर टट्टू कर दिये। हम लोग पूरब की तरफ उस गुहा की तलाश में गए। रास्ता चालू नहीं है, इसलिए कितनी ही जगह खतरनाक था, तो भी जब हम चल चुके थे, तो लौटने का सवाल ही न था। गुहा काफी बड़ी थी, और उसमें कुछ अंकित मुद्राएँ भी थीं, किन्तु वह उतनी पुरानी न थीं।

गाँव में लौटकर हम फिर सड़क से आगे बढ़े, और मुल्-बेक् होते लामायुरु पहुँचे। गोविन्दजी ने गुम्बा का एक चित्र बनाया। मैं लामाओं से बात करना चाहता था, किन्तु सभी अशिक्षित, उजड्डु थे। वस्तुतः लद्दाख में—और विशेषकर मुल्-बेक् प्रदेश में बौद्धों का लोप इन्हीं अयोग्य साधुओं के कारण हो रहा है। हर जगह गुम्बा के पास खेत हैं, और खाना—छंग (शराब) पीना—बस इतने ही में ये लोग अपने कर्त्तव्य की इतिश्री समझते हैं। हर एक धर्म का मूल्य इसी से तौला जा सकता है, कि वह अपने अनुयायियों में नैतिक बल कितना लाता है, इस कसौटी पर कसने से मालूम होता है, कि लद्दाखी लोग मुसलमान बनकर कई अपने अच्छे गुणों को छोड़ बैठे हैं। लद्दाखी बौद्ध स्वभावतः झूठ बोलना, चोरी करना नहीं जानते। कर्गिल के कश्मीरी तहसीलदार कह रहे थे कि कभी-कभी इनकी ईमानदारी महँगी पड़ती है। वह आप-बीती या किसी दूसरे की बात कर रहे थे—उनका लद्दाखी बौद्ध नौकर बैठक में झाड़ू दे रहा था, वहाँ एक अठन्नी पड़ी हुई थी। चोरी के डर से नौकर उसे हाथ नहीं लगा सकता था, उसने चाकू से अठन्नी के किनारे-किनारे कालीन काट डाली, और झाड़कर फिर उसे वैसा ही बैठा दिया। हो सकता है, आजकल के जमाने में ईमानदार आदमी संसार-संघर्ष में सफल नहीं हो, किन्तु इससे ईमानदारी का नैतिक मूल्य कम नहीं होता।

खल्-चे में हमें एक बौद्ध ग्रामीण अध्यापक मिले, उन्होंने आग्रह किया रात को अपने गाँव में रहने का। उनका घर (नुरला) सड़क से बहुत दूर न था, इसलिए हमने उसे स्वीकार किया। अध्यापक का घर काफी समृद्ध था। उसके बाग में खूबानी, सेब और अंगूर लगे हुए थे, घर भी साफ-सुथरा था। माँ-बाप लड़के से सन्तुष्ट न थे, क्योंकि वह शराब बहुत पीता था, और अपनी स्त्री से विरक्त था। उसकी स्त्री इतनी सुन्दर थी, कि मुझे समझ में नहीं आया, उससे वह विरक्त क्यों है। शराबीपन की तो लद्दाख में आम शिकायत है। यद्यपि जौ की सस्ती छंग से कोई कंगाल नहीं हो सकता, तो भी उससे काम की बेपरवाही होती है, और उक्त अध्यापक की नौकरी इसीलिए बची हुई थी, कि लद्दाख में अध्यापक सुलभ न थे।

रास्ते में हम रिजोङ्-गुन्पा (गुम्बा) में गए। वह लद्दाख की प्रधान गुन्पाओं में है। यहाँ के पिछले लामा लद्दाख के सबसे अधिक सुशिक्षित और सुसंस्कृत लामा थे, और पिछली यात्रा में मैं उनसे मिल चुका था। अब उनका देहान्त हो चुका था, और तीन-चार वर्ष के छोटे-से बच्चे को अवतार समझकर उनकी जगह लामा बनाया गया था। गुन्पा के भिक्षुओं ने चाय पीने का आग्रह किया। बच्चा लामा के लिए भी आसन और चाय-चौकी रख दी गई। हमने दर्शन आदि का काम खतम कर चाय पी। ब्रह्मचारी गोविन्द ने फिसलाऊ खड़े पर्वत गात्रों पर कूदते हुए, अपनी रोलैफेक्स से कई फोटो लिए।

सस्पोला (23 जून) बहुत बड़ा गाँव है, और वर्ष के दस महीने में दूर तक फैली खेतों की हरियाली, बीच-बीच में खूबानी, सेब, सफेदे और वीरी के हरे-भरे दरख्तोंवाले बाग उसकी शोभा को और बढ़ा देते हैं। मिस्टर शटलवर्थ ने जब सुना, कि मैं लद्दाख की ओर जानेवाला हूँ, तो उन्होंने लन्दन से एक विस्तृत पत्र लद्दाख-जांस्कर-लाहुल के प्राचीन ऐतिहासिक स्थानों के बारे में लिखा था, उसमें उन्होंने अल्ची के मन्दिर का भी जिक्र किया था। नीमू से थोड़ा पीछे हट नदी पार हो हम अल्ची पहुँचे। अल्ची में भी काफी खेत हैं, किन्तु लोचवा के मन्दिर के पासवाले घर अधिकतर गरीब हैं। बाहर से उस मन्दिर को देखकर किसी को भान नहीं हो सकता, कि यह ग्यारहवीं शताब्दी की उत्तर-भारतीय चित्रकला का महान् संग्रहालय है। पुजारी आया, हम लोग भीतर गए। कुछ अँधेरा-सा था, किन्तु उस सम्पत्ति को देखकर आँखें चकाचौंध हो गईं। नौ सौ वर्ष बाद आज भी सूक्ष्म तूलिकाओं द्वारा मात्रायुक्त वर्णों में चित्रित ये चित्र सजीव मालूम होते हैं। सभी चित्र सुन्दर हैं, किन्तु अवलोकितेश्वर की मूर्ति के ऊपर छोटे-छोटे चित्रों के अंकन में तो और कमाल किया गया है। गोविन्दजी स्वयं कलाकार थे, वह तो इस कलाभंडार को देखकर कुछ समय तक स्तब्ध रह गए। अजन्ता के अर्धलुप्त चित्रों से आदमी को पूरी तृप्ति नहीं होती, और यहाँ थे पूर्ण चित्र, सो भी ऐसे समय के, जिसके कुछ नमूने सिर्फ हस्तलिखित पुस्तकों में ही मिलते हैं। रोशनी काफी नहीं थी, इसलिए फोटो की सफलता का हमें विश्वास न था, तो भी हमने कुछ फोटो लिए।

पहिले भी हमने विहार की दयनीय दशा को देखा था, किन्तु अब बाहर निकलकर उस रत्नकोश की रक्षिका इमारत की ओर खासतौर से देखना शुरू किया। वहाँ मरम्मत का चिह्न तक न था। लद्दाख में वर्षा बहुत कम होती है, किन्तु शताब्दियों की वर्षा का असर न होना असम्भव था। बाहरी द्वार के ऊपर के खम्भे टेढ़े पड़ गए थे, मोटी दीवार की मिट्टी कट-कटकर दरार-सी बन गई थी, और साफ मालूम होता था, कि जिस उपेक्षित दशा में यह मन्दिर है, उससे वह चन्द दिनों का ही मेहमान है। फिर हमें खयाल आया—पास-पड़ोस के रहने वाले गरीब हैं, अनभिज्ञ हैं—किन्तु कश्मीर रियासत की सरकार क्या करती है? लेकिन, अफसोस! सभ्यता की नकल करने वाले पशुओं को पालने और ऊँचा बढ़ाने की भारी कीमत हमारे समाज को चुकानी पड़ेगी। तिब्बत के महान् विद्वान् लो-च-वा रिन्-छेन्-जङ्-पो (मृ. 1052 ई.) ने जैसे सैकड़ों संस्कृत ग्रंथों का अनुवाद कर तिब्बती भाषा में सुरक्षित किया, उसी तरह उसने तत्कालीन भारतीय चित्रकला के सुन्दर नमूनों को इस मन्दिर के रूप में सुरक्षित किया था, लेकिन बीसवीं सदी में अब हमारी आँखों के सामने वह लुप्त होनेवाला है। भावी भारतीय जनता अवश्य इन कर्त्तव्यविमुख मूढ़ों को क्षमा नहीं करेगी, किन्तु उससे खोई हमारी यह सम्पत्ति लौट तो नहीं आएगी। लद्दाख से लौट मैंने अंग्रेजी-हिन्दी पत्रों में वक्तव्य दिया था, राजमंत्री तथा स्थानीय अधिकारियों से तो उसी वक्त प्रार्थना की थी, किन्तु हमारी प्रार्थना का जिस तरह स्वागत हुआ, उससे कोई आशा नहीं बँधी।

सस्पोला लौटकर हम ले (लेह) के लिए रवाना हुए। 25 को ले पहुँचे। लाला शिवराम का देहान्त हो चुका था, किन्तु उनके भतीजे लाला कुन्दनलाल भी वैसे ही उत्साही व्यक्ति थे। हम लोग हेमिस् लब्रङ् में ठहरे। रात को निश्चिन्त हो सोने की तैयारी कर रहे थे, कि शरीर में चिंगारी-सी लगती दिखाई पड़ी। टार्च उठाकर देखा, तो बिस्तरों पर हजारों खटमल रेंग रहे थे, और सदियों की पुरानी दीवार तो उनके चल कारवाँ से लाल-सी हो गई है। हम लोग तुरन्त अपना बिस्तर उठाकर बाहर छत पर लाए। हेमिस् का वार्षिक मेला तुरन्त आनेवाला था, इसलिए कुछ ही दिनों बाद 1 जुलाई को हेमिस् के लिए रवाना हो गए।

हेमिस् लामा उस वक्त तिब्बत में गए हुए थे, इसलिए वहाँ हमारा कोई परिचित न था। हेमिस् बहुत धनी मठ है, लद्दाख के खेतों का बहुत भारी हिस्सा उसकी जागीर है, किन्तु उसके प्रबन्ध करने वाले आदमी निकम्मे थे। छग्-जोद (मैनेजर) तो निरा जानवर था, उसे किसी चीज की तमीज न थी। हम लोगों के बारे में वह सुन चुका था, कि यहाँ के उच्च अधिकारी भी सम्मान करते हैं, हेमिस् लामा मेरे पुराने मित्र थे, और उनसे मेरा बराबर का पत्र-व्यवहार है, तो भी उसने बँगले में कमरों के खाली रहते भी बाहर रखना चाहा। खैर, दूसरे लोगों ने समझाया, तब हमें एक कमरा मिला। मेला और 'भूतनृत्य' को मैं दूसरी बार देख रहा था, तो भी अब उसे ज्यादा समझ सकता था, क्योंकि अब मैं तिब्बत और बुद्धधर्म के इतिहास से परिचय रखता था। वस्तुतः वह 'भूतनृत्य' (डेविल डैन्स) नहीं, धार्मिक नाटक था, जिसमें बुद्ध, तिब्बत के पुराने सम्राट् साङ्चन-गैम्बो, लङ्-दर मा और क्रूर देवताओं का अभिनय होता था। क्रूर देवताओं के विकरात चेहरे को देखकर यूरोपीय यात्रियों ने इसे 'भूतनृत्य' का नाम दे दिया। गोविन्दजी ने नृत्य के कई फोटो लिए।

पिछली यात्रा में मैंने नाट्यस्थान के बगल की चौपाल में चौरासी सिद्धों के चित्र पाषाण पर अंकित देखे थे, किन्तु उस वक्त तक आठवीं से बारहवीं सदी के भारतीय बौद्धधर्म और हिन्दी साहित्य के सम्बन्ध में चौरासी सिद्धों के महत्त्व को मैंने नहीं समझ पाया था, अबकी मैंने उन्हें गौर से देखा, और ब्रह्मचारी गोविन्द का ध्यान भी उधर आकर्षित किया। इन चित्रों की कापी करना निश्चित कर गोविन्द जी ठहर गए, और पीछे ले लौटकर उन्होंने बताया कि पाषाण पर उत्कीर्ण रेखाचित्र, बाहरी रंग से अंकित चित्रों से ज्यादा सुन्दर हैं।

3 जुलाई को ले लौट आया। ले में मेरे रहने का इन्तिजाम हेमिस् लामा के नये मकान में हुआ था, वह ज्यादा साफ-सुथरा, हवादार और खटमलों की बला से पाक था। मेरे ले चले आने पर एक रात खूब वर्षा हुई। लोग बतला रहे थे ऐसी वर्षा बूढ़ों तक ने नहीं देखी थी। लद्दाख के मिट्टी की दीवारें, मिट्टी के छतों के मकान एकाध इंच सालाना वर्षा के लिए बनाये होते हैं, सदियों के तजर्बे से वर्षा के एक खास परिणाम तक ही लोगों का ध्यान जा सकता है।

उन्हें क्या मालूम, कि इतनी भी वर्षा हो सकती है। परिणाम यह हुआ कि दूसरे दिन ले के पचासों घर भहरा-भहराकर गिर पड़े, जिनमें हेमिस् लब्रङ् भी था, और जिसमें हम पहिले दो-चार दिन के लिए ठहरे थे।

लद्दाख में अब मुझे कहीं घूमने की इच्छा न थी, जिसमें हाथ में लिए काम भी बाधक थे। मैंने पिछले साल 'धम्मपद' का हिन्दी-संस्कृत अनुवाद किया था, अबकी बार सारे 'मज्झिमनिकाय' का अनुवाद कर डालना था। तिब्बत में बौद्धधर्म के इतिहास पर एक निबन्ध डॉक्टर कुलभूषण के आग्रह पर उनकी संस्कृत पत्रिका 'श्री' के लिए श्रीनगर ही में लिखकर दे आया था, अब उसे हिन्दी में सप्रमाण लिखना था। तीन महीने के लिए यही काम काफी थे, किन्तु लद्दाख के बौद्धों की शिक्षा के लिए, विशेषकर आरम्भिक पाठशालाओं के लिए तिब्बती भाषा की पाठ्यपुस्तकों और व्याकरण की बड़ी जरूरत थी। नोनो छेतेन्-फुन्-दोग् एक उत्साही तरुण थे, उनका भी आग्रह हुआ और मुझे व्याकरण तथा चार पुस्तकों के लिखने का काम भी हाथ में लेना पड़ा। काम से घिरे रहने में भी एक आनन्द आता है, और इसलिए रात-दिन व्यस्त रहते भी वे तीन मास मेरे लिए खुशी के दिन थे।

लद्दाख में सबसे अधिक प्रसन्नता मुझे पादरी जोजेफ गेर्गेन् से मिलकर हुई। गेर्गेन् बहुत बूढ़े थे, किन्तु अब भी वह शारीरिक-मानसिक कर्मठता रखते थे। यद्यपि उन्हें कन्-जुर् तन-जुर् के रूप में भारतीय वाङ्मय के विस्तृत अनुवादों को पढ़ने का मौका न मिला था, और न वह उसके दर्शन से ही परिचय रखते थे, किन्तु शुद्ध तिब्बती साहित्य, भाषा, और इतिहास का उनका ज्ञान बहुत गम्भीर था। उन्हें अपनी तिब्बती जातीयता का अभिमान था, इसलिए वह इन सभी चीजों का बड़ी श्रद्धा के साथ अध्ययन करते थे। डॉक्टर फ्रांके के लेह में रहते वक्त उन्होंने उनकी खोजों में बहुत सहायता की थी, और उक्त जर्मन विद्वान् के संसर्ग से गेर्गेन् की अन्वेषण-दृष्टि कुछ वैज्ञानिक भी हो गई थी। हम दोनों का सम्पर्क मित्रता के रूप में परिणत हो गया, क्योंकि मैं भी उन्हीं की भाँति तिब्बती जाति के भूत को श्रद्धा की चीज समझता था। कितनी ही बार वह मेरे यहाँ आते और कितनी ही बार मैं उनके घर जाता। वस्तुतः यह घर भी, जिसमें मैं ठहरा हुआ था, गेर्गेन् का ही बनवाया हुआ था,

जिसे पीछे हेमिस् लामा ने खरीद लिया। उनका नया मकान कुछ पूरब हटकर खेतों में था, और पहिले से ज्यादा हवादार, रोशनीदार था।

लेह में काफी पंजाबी दूकानदार हैं, उनका बराबर निमंत्रण पड़ा रहता था, किन्तु, मैंने जितने काम अपने सिर पर ले रखे थे, उनकी पूर्ति के लिए समय को बहुत कंजूसी से खर्च करना पड़ता था, और सिर्फ रविवार को ही निमंत्रण पर जाता था। साबित उड़द और लोबिया की दाल बहुत मीठी होती है, किन्तु समुद्रतट से 13,500 फीट ऊपर उसको पकाने के लिए आठ-आठ, दस-दस घंटों की जरूरत होती है। मेरे मेजबान, हो नहीं सकता था, कि पंजाब के श्रेष्ठ खाने से निम्न कोटि का खाना खिलाते, और रोज का खाना मकान में रहने वाले मास्टर—जो मिडल स्कूल में तिब्बती भाषा के द्वितीया ध्यापक थे—की पत्नी पका दिया करती थीं। दोपहर के बाद मैं सिर्फ चाय पी सकता था, इसलिए उनके ऊपर बहुत भार भी नहीं था। मास्टर नम्-ग्यल् बड़े सीधे-सादे आदमी थे, मैंने चाहा कि तिब्बती साहित्य की ओर उनकी विशेष रुचि हो, किन्तु अब उनके लिए वह समय बीत चुका था। मेरी आँखें दुखने को आई थीं। मैं अस्पताल से आई-लोशन् (नेत्ररस) ले आया। शाम को मास्टर से कहा, कि दवा आँखों में डाल दें। मास्टर ने कहा—'आज नहीं कल।' मैंने दोबारा कहा, फिर वही जवाब। तीसरी बार भी दुहराने पर कोई फल नहीं हुआ। मैं समझ नहीं सकता था, कि वह कल के लिए क्यों कह रहे हैं। मैंने कहा—"नहीं, दवाई डालने की सख्त जरूरत है, आज ही डालना चाहिए।" फिर उसके बाद का नजारा! मास्टर धीरे से आकर मेरे आसन के पास बैठ गए, और ऊपर की ओर मुँह करके, आँखों के पास अँगुली रखकर कहा—"अच्छा तो डाल दीजिए।" मेरी हँसी रुकनेवाली न थी, और कुछ देर तक मुँह से बात निकालनी मुश्किल हो गई। फिर मैंने कहा—"आँखें मेरी दुख रही हैं, इनमें दवा डालने की जरूरत है।" उन्होंने कहा—"मैंने तो समझा था, मेरी आँखों में दवा डाली जाएगी, इसीलिए कल के लिए कह रहा था।" मास्टर की स्त्री उनसे ज्यादा चतुर थीं, और घर का काम-काज वही सँभालती थीं।

एक दिन शाम को हेमिस् का मैनेजर (छग्-जोद्) आया। उसे रात को वहीं रहना था। उसने कहला भेजा, आज कमरे में मैं रहूँगा, आप दूसरे कमरे में चले जाएँ।

बिखरे हुए पुस्तक-पत्रों के ढेर को दूसरे कमरे में ले जाना आसान काम न था, फिर वह तो निरा अपमान था। मैंने कह दिया—छग्-जोद् साहेब ही मेहरबानी करके उस कमरे में चले जावें। वह क्या-क्या बुड़बुड़ाता रहा। जब यह बात अधिकारियों को मालूम हुई, तो उन्होंने उसे बुलाकर बहुत फटकारा। वह तो निरा बैल था, तो भी डर के मारे बहाना किया—मैं उस वक्त शराब के नशे में था। लेकिन यह तो उसकी रोज-ब-रोज की बात थी।

हेमिस् से लौटकर गोविन्दजी ले आए। उन्होंने अपने पैंसिल के रेखाचित्रों को दिखलाया, और मूल चित्रों की बड़ी प्रशंसा की। मन्-पङ्-गोङ् जाने की न मेरी इच्छा थी, न उसके लिए समय; किन्तु उसके सौन्दर्य, उसके नीलम जैसे जल की मैंने उनसे तारीफ करके वहाँ जाने की राय दी। वह घोड़ा किराया करके उधर गए, और मेरी प्रशंसा को वास्तविकता से कम बतलाया। खाने-पीने के लिए मैंने कह दिया था, कि काफी सामान लेकर जावें। एक जगह के मक्खन के बारे में कह रहे थे—मैंने एक रुपये का मक्खन खरीदा। सामने आने पर पूछा—दाम ऊन के लिए हैं या मक्खन के।

मन्-पङ्-गोङ् से लौटकर गोविन्द जी को नीचे के लिए रवाना होना था, क्योंकि शान्तिनिकेतन की पढ़ाई शुरू होनेवाली थी, जहाँ पर वह अध्यापन का काम करते थे। हिटलर मेरे जर्मनी छोड़ने के दो ही महीने बाद अधिकारारूढ़ हो गया था। गोविन्दजी को जर्मनी में मौजूद उनकी सम्पत्ति से कुछ रुपये भारत में आया करते थे। नाजी शासन ने बाहर रुपये जाने बन्द कर दिये। गोविन्दजी और उनकी बूढ़ी धर्ममाता के लिए विदेश में एक विषम परिस्थिति उपस्थित हो गई। उन्होंने कलकत्तास्थ, जर्मन कौंसल जेनरल को कड़ा पत्र लिखा—जर्मनी के सम्बन्ध में हम जितना सांस्कृतिक काम कर रहे हैं, उससे जर्मन शासकों को हमारा कृतज्ञ होना चाहिए था, और वे उल्टा हमें दंड देना चाहते हैं। यह कश्मकश कुछ वर्षों तक रही, और पीछे जब भारत में रहने वाले नाजियों ने सम्बन्ध को असह्य कर दिया, तो युद्धारम्भ से बहुत पहिले ही वह जर्मन जातीयता का परित्याग कर भारतीय प्रजा बन गए। गोविन्दजी के अकेले लौटने से हम दोनों को अफसोस हुआ। हम दोनों की यात्रा एक-दूसरे के साथ बड़े प्रेम और सहानुभूति के साथ हुई थी, नाना सांस्कृतिक-सामाजिक विषयों पर मधुर चर्चा होती रहती थी।

लेह सौ ही वर्ष पहिले स्वतंत्र लद्दाख राजा की राजधानी थी। आज भी राजा का विशाल प्रासाद एक पहाड़ी टेकरी पर मौजूद है, और वह पुराने राजवंश के हाथ में है, तो भी उसकी वह श्री नहीं है। जम्मू की सेना ने इस राज्य के दखल करते वक्त काफी बर्बरता से काम लिया था। राजप्रासाद में मोटे काले चिकने हाथ के बने कागज पर सुनहले अक्षरों में ढेर के ढेर कंजूर के पत्रे मैंने देखे थे, अब की सोच रहा था, यदि वह वैसे सड़ने के लिए कूड़े के ढेर की तरह रखे हों, तो मालिकों से कहकर ले चलूँगा, किन्तु अबकी देखने पर मालूम हुआ, पत्रों को सिलीसले से लगाने की कोशिश की गई है। मैंने लुप्त पत्रों के बारे में पूछताछ की, तो मालूम हुआ, कितनी ही धार्मिक पुस्तकों से जम्मू के सेनापति ने स्थानीय किलों की छतों के पाटने का काम लिया था! इस बात की सत्यता की परीक्षा के लिए एक दिन किले में गया। छत कच्ची है, उसे एक जगह जरा-सा खोदकर देखा; सचमुच ही सुनहले अक्षरों में लिखे काले पत्रों के टुकड़े निकले। यह है हिन्दुओं की धार्मिक सहिष्णुता का नमूना!!

मैंने राजप्रासाद और वहाँ की गुन्पा के पुस्तकालय और मूर्तियों की छानबीन की, सभी जगह पुरानी चीजें थीं। लेह-प्रासाद के पास हेमिस् के अधीन एक मन्दिर है, जिसमें आठवीं-नवीं सदी की चाँदी की अम्लान आँखोंवाली बुद्धमूर्ति देखी। खोज की जाए, तो लद्दाख में अभी भी कितनी ही पुरानी चीजें मिल सकती हैं, लेकिन यह काम सिर्फ एक आदमी के वश का नहीं है।

पिछली बार जब लद्दाख आया, तब भी चीनी तुर्किस्तान जाने की बड़ी इच्छा उत्पन्न हुई थी, किन्तु उस वक्त मेरे पास पासपोर्ट न था। अबकी भी इच्छा हुई, और मेरे पास पासपोर्ट भी था, किन्तु दूसरे कामों के पूरा करने का भी आकर्षण इतना था, कि वह इच्छा पूरी नहीं कर सकता था। लद्दाख में तुर्किस्तान के व्यापारी और हज के यात्री गर्मियों में अक्सर आया करते हैं। अब की बार तुर्किस्तान में गृहकलह जारी थी, जिसके लिए भारतीय व्यापारी—जिनमें से कितनों ही की दूकानें ले में भी हैं, बड़े चिन्तित थे। वहाँ गए कितने ही भारतीय लुट गए थे, और कुछ की जान भी गई थी। चीनी अधिकारियों को निकालने में तो तुर्क लोग सफल हुए, किन्तु पीछे एक जाति का दूसरी जाति से झगड़ा हो गया। तुर्किस्तान किसी वक्त आर्य भाषाभाषियों का प्रदेश था।

चौथी-पाँचवीं सदी में कूचा के निवासी भारतीय लिपि और संस्कृत से सम्बद्ध भाषा को बोलते थे—उनके कुछ ग्रंथ गोबी की रेत से प्राप्त हुए हैं। पीछे तुर्किस्तान भिन्न-भिन्न आक्रमणकारी जातियों का अखाड़ा बन गया। हूण, उइगुर, तुर्क, मंगोल और सातवीं सदी में तिब्बती लोगों ने भी उस पर आक्रमण किया। इन जातियों के बहुत-से लोग वहाँ बस भी गए। तुर्कों की संख्या और प्रभाव अधिक होने से देशवासियों पर उन्हीं की भाषा की छाप पड़ी। आठवीं-नवीं सदी में जब अरबों का अधिकार हुआ, तो तुर्क मुसलमान हो गए। इस पर भी मूल जातियों का भेद कुछ बना ही रहा। हाल के विद्रोह में उस भेद ने जोर मारा, और एक जाति के मुखिया ने नहीं चाहा, कि दूसरी जाति के प्रभावशाली व्यक्ति देश के सर्वेसर्वा बन जावें। परिणाम हुआ, उनकी जातीय स्वतंत्रता फिर उनके हाथ से जाती रही। अभी भी यह संघर्ष कितने ही स्थानों पर चल रहा था। मेरे ले छोड़ने से पूर्व एक बड़ा काफिला यारकन्द (चीनी तुर्किस्तान या सिङ्-क्याङ्) से आया। अच्छे-अच्छे घोड़े महीनों की मंजिल से दुबले होकर हड्डी-हड्डी रह गए थे।

यहीं बड़ौदा से तार पहुँचा—आप ओरियंटल कान्फ्रेंस के हिन्दी विभाग का सभापतित्व स्वीकार करें। इस कान्फ्रेंस के सभापति जायसवाल जी होनेवाले थे और उनके साथ मुझे बड़ौदा जाना ही पड़ता, इसलिए उसके स्वीकार करने में कोई खास तरद्दुद न था। मैंने स्वीकृति भेज दी।

लौटने के लिए मैंने लाहुल-कुल्लू का रास्ता चुना था। जून-जुलाई के महीनों में होशियारपुर के घोड़े वाले आ चुके थे। खर्च के रुपयों की कमी हो गई थी, किन्तु नेपाल के साहु धर्ममानजी की एक शाखा यहाँ भी खुल गई थी, माहिला साहु वहाँ मौजूद थे, इसलिए मुझे पैसों के मिलने में दिक्कत न हुई।

लद्दाख से प्रस्थान—ले में मैं 4 जुलाई से 16 सितम्बर तक अबकी लगातार रह गया। काम भी बहुत हुआ। 'मज्झिमनिकाय' का हिन्दी अनुवाद 'तिब्बत में बौद्धधर्म', भोटिया पुस्तकें और यात्रा पर कई लेख लिख डाले।

17 सितम्बर को मुझे ले छोड़ना था। कानूनगो, तहसीलदार, वजीर साहेब सबसे विदाई ली। सबसे ज्यादा अफसोस हुआ जोजफ गेरगेन से बिदाई लेते वक्त। लद्दाख में वही एक ऐसे व्यक्ति थे, जिनको अपनी भाषा, संस्कृति

और साहित्य का बहुत अभिमान है, और उन्होंने अपनी सारी जिन्दगी उसी के अध्ययन में लगा दी। अब वह बहुत बूढ़े हो गए थे, पके आम की तरह किसी समय वृन्त से टूट सकते थे। गेरगेन से फिर मुलाकात हो सकेगी, इसमें सन्देह था। दोपहर बाद मैं अपने घोड़े पर सवार हुआ। आज बहुत दूर नहीं जाना था, सिर्फ 8 मील पर ठिक से गुम्बा में रहना था। 3 बजे शे के महल में पहुँचा। लद्दाख का राजवंश ले में राजधानी बनाने से पहिले इसी जगह रहता था। सिन्धु की धार यहाँ से नजदीक है। अब भी यहाँ एक महल और गुम्बा मौजूद है। 100 वर्ष पहिले जब लद्दाख स्वतंत्र था, तब तक रानियाँ पुत्र-जन्म के वक्त इसी महल में आती थीं। पचीसों पीढ़ियों तक लद्दाख के राजा यहीं पैदा होते रहे। उस वंश का उत्तराधिकारी अब भी मौजूद है। ले के राजप्रासाद की तरह शे का प्रासाद भी उसी के हाथ में है, लेकिन बेचारे की इतनी आमदनी नहीं, कि महलों की मरम्मत करा सके। गुम्बा में बुद्ध की एक विशाल मूर्ति है। हस्तलिखित कंजूर-तंजूर के बहुत-से पत्रे ढेर किये हुए हैं। 7 साल पहिले यह ढेरी और बढ़ी थी, जान पड़ता है, लोग पत्रों को प्रासाद में लेते जा रहे हैं। गाँव के पास एक विहार है, जिसमें कुछ पुरानी मिट्टी की मूर्तियाँ हैं। यह मूर्तियाँ लताओं में बनी हैं और किसी वक्त वह ञर्मा के पुराने मठ विहार में रहती थीं। ठिक से दो ही मील था, पाँच बजे हमने वहाँ के लिए प्रस्थान कर दिया। ठिक से गुम्बा लद्दाख की 6 प्रधान गुम्बाओं में है। यहाँ के अवतारी लामा पर क्या-क्या बीती, इसका जिक्र मैं पहिले कर चुका हूँ। अभी जब तक वह अवतारी लामा जिन्दा है, तब तक दूसरा लामा (महन्त) कैसे बनाया जा सकता है? हाँ, जब वह मर जाएगा, तो लोग फिर उसकी तलाश में निकलेंगे। यह गुम्बा उतनी पुरानी नहीं है, लेकिन कुछ चीजें पुराने विहारों की भी यहाँ रखी हुई हैं। प्रधान मन्दिर में एक लकड़ी का बहुत सुन्दर प्रभामंडल रखा हुआ है, यह भी किसी पुराने विहार से आया है। सम्भव है, यह भी ञद्मा के विहार से आया हो, जो कि दसवीं-ग्यारहवीं सदी में बना था। लद्दाख में इधर 60-70 वर्षों में बहुत-से घर मुसलमान हो गए। यह देखकर मुझे बड़ी खुशी हुई कि खङ्सर परिवार ने मुसलमान होने पर अपने घर की दो अच्छी मूर्तियों को सिन्धु में बहाने की जगह इस गुम्बा में फेंक दिया। आजकल मठ के अधिकारियों में आपस में बहुत झगड़ा है।

दूसरे दिन (18 सितम्बर) मैं आगे के लिए रवाना हुआ। दो मील पर ञद्मा विहार का ध्वंसावशेष है। यह बहुत पुराना विहार था। यहाँ कई बड़े-बड़े देवालय थे, जिनकी मिट्टी की मोटी दीवारें अब भी खड़ी हैं। कुछ स्तूपों के भीतर अब भी पुराने चित्रों के चिह्न हैं, लेकिन चरवाहों ने पत्थर से कूट-कूटकर उन्हें बिगाड़ दिया है। नागरी अक्षरों में कच्ची मिट्टी पर छापी बहुत-सी मुहरें स्तूपों में मिलती हैं। मैंने उनमें से 4, 5 इकट्ठा कीं। चित्र निस्सन्देह अच्छे थे। एक चित्र का निचला भाग रह गया था और उस पर 'दीपंकरायनमो' लिखा हुआ था, मैंने चाकू से पलस्तर को काटकर उसे निकाला और ऊन के भीतर बक्स में बन्द करके पटना म्यूजियम के लिए ले लिया। मुझे तो विश्वास नहीं था, कि वह सही-सलामत पटना पहुँच जाएगा। लेकिन वहाँ ठीक तरह से पहुँचा देख बड़ा सन्तोष हुआ। अब आसपास में दो ही चार घर बौद्ध रह गए हैं, वे भी कुछ सालों में मुसलमान हो जाएँगे। इसके लिए अफसोस करने की क्या जरूरत है? आखिर आदमी पुराने धर्म में किसी सामाजिक त्रुटि को देखकर ही नये धर्म को अपनाता है। रणवीरपुर होते मैं हेमिस् गुम्बा के सामने के लकड़ी के पुल पर पहुँचा और उससे सिन्धु को पार किया। ऊपर की ओर चलते हुए सवा चार बजे मर-चेलङ् गाँव में पहुँचा। आज 14 मील आया, लेकिन घोड़े पर होने से कुछ मालूम नहीं हुआ। यह गाँव साढ़े ग्यारह हजार फीट की ऊँचाई पर है। रात में बूँदा-बाँदी रही। यहीं होशियारपुर के हमारे घोड़ेवाले भी मिल गए।

दूसरे दिन (19 सितम्बर) 16 मील चलकर मीरू गाँव में रहना था। घोड़े-खच्चरवाले खा-पीकर 10, 11 बजे चलते हैं। हिन्दू होने से उन्हें खाने-पीने में बहुत खयाल रखना पड़ता है। उपशी गाँव तक हम सिन्ध के किनारे-किनारे गए, फिर ग्य नदी का किनारा पकड़ा। आबादी कहीं नहीं दीख पड़ी। जगह-जगह छोटी-छोटी झाड़ियाँ मिलीं। दिन-भर बादल रहा और गाँव में पहुँचते-पहुँचते वर्षा होने लगी। मीरू बहुत पुराना गाँव है। कहावत मशहूर है—"मूखर्-लस् स्ङ व ख-ल-र्चे। युल्-लस् स्ङ व मि-रू-र्चे।" (प्रासादों में पुराना खलचे हैं, गाँवों में पुराना मिरू है)। किसी वक्त यह बड़ा गाँव था, दूर तक खँडहर ही खँडहर दिखलाई पड़ते हैं। सभी भाइयों की सिर्फ एक स्त्री होने के कारण तिब्बत की और जगहों की तरह लद्दाख की भी आबादी कम होती गई,

और अभी उम्मेद नहीं कि गाँवों के बढ़ने की नौबत आएगी। गाँव से आगे एक चट्टान आगे की ओर निकली हुई थी, उसी के नीचे हम लोगों का डेरा पड़ा। ओरगेन् (रामदयाल) इसी गाँव में रहते थे। वह रहने वाले बुशहर के थे, लेकिन अब यहीं घर-जमाई बनकर रह गए। मुझे वह हेमिस् में मिल चुके थे, यहाँ भी मिल गए। उनके घर पर गया। घर क्या पत्थरों का ढेर था। गेहूँ का होला और 5 अंडे लेकर शाम को वह मेरे पास पहुँचे। उनका बहुत आग्रह था, कि मैं उनके लिए यंत्र लिख दूँ, मैं कितना ही समझाता; किन्तु वह मानने के लिए तैयार नहीं थे। फिर उन्होंने दो यंत्र लिखवाये, एक तो सन्तान होने के लिए, और दूसरा गृहिणी के गरम स्वभाव को ठंडा करने के लिए। मैंने ब्राह्मी अक्षर में यही लिख दिया, "मंत्र कुछ नहीं।" गरम स्वभाव ठंडा होगा, इसकी तो आशा नहीं थी, लेकिन जो कहीं सन्तान हो गई, तो वह हिन्दुस्तान के लामा के मंत्र का ही प्रभाव समझा जाएगा। दूसरे दिन (20 सितम्बर) खाते-पीते साढ़े बारह बज गए। रास्ते में दो-एक घर मिले, फिर ग्य का बड़ा गाँव आया। ग्य गाँव ग्यारहवीं सदी में मौजूद था। यहाँ का ही भिक्षु चोंडूसेङ्गे विक्रमशिला में पढ़ने गया था और दीपंकर के साथ तिब्बत लौटा था। यहाँ आसपास पुराने स्तूपों और विहारों के बहुत-से ध्वंसावशेष हैं। 3 मील आगे जाने के बाद लद्दाख का आखिरी गाँव मिला, अब इसके बाद लाहुल में ही घर दिखलाई पड़नेवाले थे। उस वक्त फसल कट गई थी। हम ऊपर की तरफ जितना ही बढ़ते जा रहे थे, उपत्यका भी उतनी चौड़ी होती जा रही थी। नाले में घास उगी हुई थी। सवा सात बजे हम 16 मील चलकर टिकान पर पहुँचे।

दूसरे दिन (21 सितम्बर) फिर ग्यारह बजे रवाना हुए। आज अगला पड़ाव 22 मील पर था और साढ़े 17 हजार फीट ऊँचे तग्लुङ्-ला की जोत को पार करना था। चढ़ाई बहुत कठिन नहीं थी, लेकिन दम बहुत फूल रहा था। हमारे साथी कह रहे थे, यहाँ गन्धक बहुत है, इसीलिए दम फूल रहा है, उन्हें क्या पता था कि हम समुद्रतल से साढ़े 17 हजार फीट ऊँचे आसमान में चल रहे हैं, और वहाँ हवा पतली तथा आक्सीजन की मात्रा बहुत कम है। कई खच्चरों को मुश्किल से डाँड़ा पार कराया गया। दूसरी तरफ नीचे आने पर देव्रिङ् का विशाल मैदान मिला। यह मैदान 15 हजार फीट से अधिक ऊँचाई पर है।

जाड़ों में भेड़वाले यहीं रहते हैं। इस वक्त वहाँ काफी घास थी। क्याङ् (जंगली गदहा) का झुंड जगह-जगह चर रहा था। अँधेरा होते-होते हम ठहरने के मुकाम रोग्चिन में पहुँचे। तम्बू वाले पशुपालकों का गाँव था और पास में एक छोटी-सी धार बह रही थी। जान पड़ता है, यहाँ कभी कोई गाँव भी था। हम एक पुरानी दीवार के पास ठहरे। चमरियों के बछड़े खूब फुदक रहे थे।

खाने की चीजों में हम आटा, चाय, चीनी, सेब, उबले अंडे और मांस साथ लाए थे। छठे दिन अब मांस (22 सितम्बर) खाने लायक नहीं रह गया। जान पड़ता है देव्रिङ् और आसपास की उपत्यकाओं का पानी बाहर नहीं जाने पाता। यहाँ पानी है भी बहुत कम। आज हम 18 मील चलकर नदी के किनारे ठहरे। शाम को सर्दी काफी थी। पहाड़ ज्यादातर मिट्टी के मालूम होते थे, यहाँ खच्चरों के लिए चरने की घास नहीं थी। लेकिन लोग घास साथ ले आए थे। रात को 9 बजे रुप्शू का एक आदमी वहीं ठहरने के लिए आया। बेचारा गिड़गिड़ाता ही रह गया, लोगों ने हजारों गालियाँ दीं, और धमकाकर भगा दिया। मुझे बहुत बुरा लगा, किन्तु वहाँ कहता किससे। आज ला-च-लुङ् के सोलह हजार छै सौ फीट ऊँची जोत को पार करना था। हमारे साथी सबेरे 7 बजे ही चल पड़े। तीन मील चलने पर चढ़ाई शुरू हुई, लेकिन असली जोत 8 मील पर मिली। यद्यपि यह जोत तग्-लुङ् से ऊँची नहीं थी, लेकिन आदमी और जानवरों को बड़ा कष्ट हुआ। मेरा घोड़ा ले में पोलो का घोड़ा था, उसकी नाक से भी खून निकल रहा था। तिब्बती नामों का अर्थ तो हमारे साथी जानते नहीं थे, इसलिए उन्होंने एक जोत को लोङ्-लाचा बना दिया और दूसरे को बड़ा-लाचा। लाचा से उनका मतलब इलायची से है। हम लोग जोत पार होकर उतराई में आए। सबने सन्तोष की लम्बी साँस ली। ऐसी जोतों पर यदि कोई घोड़ा-खच्चर चलने में असमर्थ हो जाता है, तो उसे वहीं छोड़ देना पड़ता है। क्योंकि घास पात तो कहीं है नहीं, टिकने का मतलब है 2, 4 से और हाथ धोना। लोङ्-लाचा ने किसी पशु की बलि नहीं ली, इसके लिए उन्हें सन्तोष होना ही चाहिए। छूट गए गदहे या खच्चर का फलाहार करने के लिए पहाड़ों में भेड़िये काफी रहते हैं। अब हम चर्‌व नदी के किनारे आ गए। आगे कुछ दूर जाने पर हम लोग ठहर गए। आज 7 मील से ज्यादा नहीं चल सके।

यह जगह भी 13 हजार 400 फीट ऊँची थी, लेकिन हम को गरम मालूम होती थी, क्योंकि हम बहुत सर्द जगह से आ रहे थे। नदी पार खूब घास थी। खच्चरवाले जानवरों को वहाँ चरने के लिए ले गए। रात को कोई जानवर घोड़ों पर हमला न करे, इसलिए 3 आदमी भी आटा-चाय लेकर वहीं सोने गए। अभी भी हम काश्मीर रियासत में थे। अगले दिन (24 सितम्बर) सवा ग्यारह बजे हमने कूच किया। हमारे बाएँ से एक नदी आई, यही लद्दाख (काश्मीर) और कुल्लू की सीमा है। कुछ दूर आगे जाने पर सामने एक पहाड़ की जड़ से पानी की पचासों धाराएँ निकलती दिखाई दीं। हमारे साथी इस जगह को टूटू पानी कहते थे। मुझे आश्चर्य है, ब्राह्मणों ने इसे कोई बड़ा तीर्थ क्यों नहीं बनाया? पानी का इतना सुन्दर चमत्कार बहुत कम मिलेगा। इसे आसानी से सहस्त्रधारातीर्थ कहा जा सकता है और दस-बीस श्लोकों को गढ़कर महातम भी बनाया जा सकता है। शायद, थैलीवाले भक्तों को यहाँ तक आने की हिम्मत नहीं होगी। अगली जोत कितनी खतरनाक है, यह आगे बताएँगे। सिक्खों को भी हिमालय के तीर्थों की बड़ी जरूरत है, वही क्यों न अपने किसी गुरु के नाम पर सहस्त्रधारातीर्थ अपना लें। कोई-कोई कहते भी हैं कि यहाँ पांडवों ने यज्ञ किया था।

आगे लिंगी का बड़ा मैदान मिला। यहाँ एक डिस्ट्रिक्ट बोर्ड की सराय है। नदी के किनारे घास भी खूब है। जहाँ-तहाँ कुछ पुराने स्तूप मौजूद हैं। हम मैदान के छोर तक पहुँच गए थे। वहाँ एक चश्मा था। बादल चारों ओर से घिर आए थे। लोगों ने यहीं पर 4 बजे ही डेरा डाल दिया। अभी फोलकंडडा की जोत यहाँ से 12 मील थी! यहाँ ठहरने का एक और भी कारण था—कुछ ही दूर पर जंगली चना, और गेहूँ खूब उगा हुआ था। जंगली कहने से आश्चर्य करने की जरूरत नहीं, क्योंकि पहिले सभी अनाज जंगल में पैदा होते थे, आदमी ने उन्हें खेतों में बोना शुरू किया और बुद्धि लगाकर उनसे और अच्छे बीज तैयार किये। गेहूँ का दाना तो मुझे नहीं मिल सका, लेकिन चने का दाना—जो मामूली चने से छोटा था, मैंने पटना म्यूजियम के लिए ले लिया।

रात को ही बरफ पड़नी शुरू हो गई। आज (25 सितम्बर) दोपहर तक बरफ और वर्षा पड़ती रही। दोपहर को आसमान खुला, लेकिन लोग अब भी

चलने में हिचकिचा रहे थे। जंगली गेहूँ-चने खिलाकर खच्चरों को तगड़ा करने का खयाल हो रहा था। मैंने कहा—"चार दिन तक ऐसा ही मौसम रहेगा, चलना हो तो चलो।" उनको चने-गेहूँ का लालच था, और मुझे जल्दी आगे बढ़ने का। कुछ भी हो, उस दिन की भविष्यवाणी ठीक उतरी, और चौथे ही दिन जा के बादल आसमान से हटा। उस दिन वह टस से मस नहीं हुए। इस इलाके में जंगली गेहूँ और चने ही नहीं हैं, बल्कि जंगली भेड़-बकरियाँ भी रहती हैं। प्राणिशास्त्रियों और कृषिशास्त्रियों के अनुसंधान के लिए यह अच्छी जगह है। इन अनाजों की घास का महत्त्व पशु-पालक खूब समझते हैं, और गर्मियों में गूजर हजारों भेड़ें इधर चराने के लिए ले आते हैं।

लाहुल में— अगले दिन (26 सितम्बर) भी बादल नहीं हटा। लोग घबराने लगे, और साढ़े ग्यारह बजे वहाँ से चल पड़े। 5 मील पर केलू (केनलुङ्) की सराय थी। यहाँ मैंने भी जंगली चनों को उगे हुए देखा। रास्ता बहुत खराब है, खासकर छोटे-बड़े लाखों पत्थरों से ऊबड़-खाबड़ के कारण, डाँड़ा से दो-तीन मील पहिले यूनन्छो झील मिली। इसका घेरा एक मील से ज्यादा नहीं होगा और इस वक्त तो पानी और भी कम था। 104वें मीलवाले पत्थर से हम बरफ पर चलने लगे और 102 वाले तक वह बराबर वैसी ही बिछी हुई थी, फिर कुछ कम हुई। 103-104वें मील पत्थरों के बीच में बड़ा-लाचा जोत मिली। वहाँ खूब बरफ पड़ रही थी। कुछ घोड़ों पर चढ़े कुछ पैदल, हम एक पाँती से चल रहे थे। खच्चरों की घंटियाँ टुनटुना रही थीं, जान पड़ता था बराती जा रहे हैं और उनके ऊपर खीलें बरसाई जा रही हैं। हम 4 बजे जोत पर पहुँचे। वहाँ बरफ का खेत मालूम होता था। 2 मील नीचे उतरने पर सूरज दल झील मिली, आकार में छोटी पर बहुत गहरी। हम थोड़ा ही आगे बढ़े, कि लोग अत्यन्त संत्रस्त-से दौड़ने लगे। यह बहुत खतरनाक जगह है। बगल की पहाड़ी से हर वक्त छोटे-बड़े पत्थर गिरते रहते हैं। यदि मैं फाहयान और ह्वेनचाङ् के समय यात्रा करता होता, तो लिखता—इस पहाड़ पर एक बहुत भारी दैत्य रहता है, वह हर वक्त पत्थर बरसाया करता है, और कितने ही आदमी और पशु बेचारे प्राण से हाथ धोते हैं। मेरे सामने भी दो-चार छोटे-छोटे पत्थर गिरे। पहिले के गिरे हुए भी वहाँ मौजूद थे। मेरा घोड़ेवाला सुक्खू कह रहा था कि

पत्थर के लगने से पिछले साल उनकी चाय की मोटरी गिर गई और पीछे आनेवाली खचरी की तो टाँग झूल गई थी। बरफ इस वक्त बराबर पड़ रही थी। इस पहाड़ से पत्थरों के गिरने का कारण है—मिट्टी का नाम नहीं है, लाखों बरसों से टूटकर अरबों छोटे-बड़े पत्थर जमा हैं, जो बरफ के पिघलने से खिसकते और एक-दूसरे से टकराते नीचे की ओर गिरते हैं।

उतराई मुश्किल नहीं थी, कहीं-कहीं पैर फिसल रहा था। मैंने अपने घोड़े को आगे बढ़ाया। 98, 97वें मील वाले पत्थरों के बीच जीजीङ्बड़ की सराय मिली। लोगों ने परसेव (दो-सम्) में आज रहने के लिए कहा था, मैं वहाँ सराय में पहुँचा। सराय बहुत गन्दी थी। एक फिट लेंड़ी-गोबर भरा हुआ। 1 घंटा प्रतीक्षा की, लेकिन वह डाक-बँगले के पासवाली सराय में ठहरनेवाले थे, इसलिए मैं भी वहाँ चला गया। सावन के महीने में यहाँ बहुत बड़ा मेला लगता है, जिसमें जांस्कर, लद्दाख, तिब्बत, स्पिति, लाहुल के हजारों आदमी आते हैं; ऊन, नमक, भेड़-बकरी तथा नीचे की चीजों की खरीद-फरोख्त होती है।

अगले दिन 27 सितम्बर में $9^1/_2$ बजे ही घोड़े से रवाना हो गया। 93 वें मील से 87वें मील के पास तक रास्ता उतराई का था और कहीं-कहीं वह बहुत कठिन था। इस जगह पहाड़ों पर बाँसी-जैसी घास थी। नदी की दूसरी ओर भोजपत्र के वृक्ष दिखलाई पड़ते थे। अब हम भागानदी के किनारे-किनारे चल रहे थे। 91वें मील के पास पहिला देवदार दिखलाई पड़ा। लद्दाख के वृक्ष बनस्पति-शून्य नंगे पहाड़ों को साढ़े तीन महीनों से देखते-देखते आँखें हरियाली के लिए तरस रही थीं। 86वें मील के बाद पहिला घर मिला। यह घर भी लद्दाखियों जैसा था। इस इलाके को दारचा कहते हैं। सारे लाहुल-प्रदेश की आबादी 10-12 हजार से ज्यादा नहीं, किन्तु यहाँ आधी दर्जन भाषाएँ बोली जाती हैं, और पोशाक में भी एक-दूसरे से अन्तर है। दारचा की औरतें लद्दाखी औरतों की भाँति ही फीरोजाजटित नागफणवाला भूषण और कानों पर ऊनी हाथी-कान लगाती हैं; हाँ उसके साथ-साथ नाक में एक दुअन्नी-भर की लवंग भी, जो बतलाती है कि हम हिन्दुस्तान के पास पहुँच रहे हैं। आगे तीन नदियों की सम्मिलित धार आई। हम उसके दाहिने किनारे से चलने लगे। अब देवदार काफी दिखलाई पड़ रहे थे।

रास्ते के नीचे बहुत दूर तक छोटे-बड़े पत्थर पड़े हुए थे। मालूम देता था, सचमुच ही सैकड़ों दैत्यों ने हजारों वर्षों से पत्थर तोड़-तोड़कर यहाँ फेंके हैं। पीछे ठाकुर खुशहालचन्द ने इस जगह का इतिहास बतलाया। वहाँ 108 घरों का एक बहुत अच्छा गाँव बसता था। एक दिन लोग किसी दावत में भोजन करने के लिए इकट्ठा थे। सब लोग बैठ गए, उसी वक्त तिब्बत की ओर से एक बूढ़ा आया। पाँती में वह जहाँ भी बैठना चाहता, लोग हटो-हटो कह देते। एक लड़के ने अपनी जगह बूढ़े को दे दी। लोगों ने भोजन किया, शराब पी और नाचने लगे। इसी वक्त पत्थरों की वर्षा होने लगी। बूढ़ा तब तक लापता हो गया था। सारा गाँव बरबाद हो गया। लड़के को हवा उड़ा के नदीपार ले गई, और उसकी सन्तान अब भी वहाँ लुम् पाचन गाँव में बसती है। वहाँ एक बहुत जबरदस्त भूत रहता है। ठाकुर खुशहालचन्द कह रहे थे, कि दिन में भी उधर से गुजरना खतरे से खाली नहीं है। मैं तो सोचने लगा था कि अकेले चलकर बड़ी गलती की। ठा. खुशहालचन्द ने यह भी बतला दिया, कि हेमिस् के लामा ने 2, 3 साल पहिले मंत्र से उसे बाँध दिया है, तब मुझे बहुत सन्तोष हुआ। लेकिन इतनी बात सच मालूम होती है, कि पहिले वहाँ कोई गाँव था। 1937 में जब मैं दूसरी बार लाहुल गया, तो सड़क के किनारे पत्थरों को हटाकर देखा, वहाँ स्याही से भोजपत्र पर लिखे कुछ मंत्र मिले थे। सम्भव है, किसी वक्त इन पत्थरों के हटाने में ज्यादा परिश्रम किया जाएगा और उस वक्त ध्वस्त गाँव कितनी ही ऐतिहासिक चीजों को प्रदान करेगा। आगे पहाड़ों पर और देवदार के जंगल बढ़ते गए, 2, 3 गाँवों को पार कर हम कोलङ् में पहुँचे। यह कुल्लू से 79 मील पर है। अभी ढाई बजा था, लेकिन हम ग्यमुर् के ठाकुर मंगलचन्द से मिलना चाहते थे। मिस्टर शटलवर्थ ने एक लम्बे पत्र में लाहुल-स्पिति, और जांस्कर की पुरानी मूर्तियों और गुम्बाओं के बारे में लिखा था और यह भी कहा था, कि आप ठाकुर मंगलचन्द से जरूर मिलें, वह आपको बहुत-सी पुरानी चीजों का पता देंगे। मैं ठाकुर साहेब के घर में गया। भीतर अँधेरा था, मैं चुपचाप कितनी देर तक खड़ा रहा। ठाकुरानी अपने मजदूरों को खिला-पिला रही थीं, खुशहालचन्द कुल्लू हाईस्कूल में 9वें दर्जे में पढ़ रहे थे, वह भी वहाँ चुपचाप बैठे थे।

देर तक खड़े रहने के बाद वह मेरे पास आए। मैंने ठाकुर मंगलचन्द के बारे में पूछा और शटलवर्थ की चिट्ठी दिखलाई। वह मुझे सबसे ऊपर के कमरे में ले गए। कमरा अच्छा, साफ हवादार था। ठा. खुशहालचन्द ने बतलाया कि ठाकुर साहेब केलङ् गए हैं, लेकिन आज लौट आएँगे। रात को सोने के लिए चारपाई आ गई। खुशहालचन्द की बीवी और एक नौकरानी मेरे लिए बिस्तरा बिछा रही थीं, और साथ-साथ हँसी-मजाक करती जा रही थीं। वह शुद्ध तिब्बती बोल रही थीं, मेरे समझने में तो कोई दिक्कत न थी, किन्तु मैं चुपचाप सुनता जा रहा था। मैं उस वक्त यह नहीं अनुमान कर सकता था, कि उनमें वह हृष्ट-पुष्ट बलिष्ठ तरुणी खुशहालचन्द की बीवी है। खुशहालचन्द को वह तीन अँगुली से उठा सकती थी। ऐसा अनमेल विवाह क्यों? लाहुल में कोलङ् खङसर् और गुनदला में ठाकुरों के तीन परिवार हैं। वह किसी समय अपने-अपने इलाके के सामन्त राजा थे। और उनकी ब्याह-शादी अपने ही जैसे उच्च वंशों में हुआ करती थी। अब भी वह इन्हीं तीनों परिवारों में शादी करते हैं, इसलिए लड़के-लड़कियों की जोड़ी बैठाना उनके हाथ में नहीं। रात को देर से ठाकुर मंगलचन्द आए। उन्होंने आकर मेरे आराम के लिए पूछताछ की।

अगले दिन (28 सितम्बर) ठाकुर मंगलचन्द से बात होती रही। उन्होंने बतलाया कि कोलङ् में तिब्बत सम्राट स्रोङ्-चन के वंश का कोई सामन्त शासन करता था। उस वक्त एक लड़की गद्दी पर थी। नीचे के पहाड़ों से नीला राणा नामक एक राजकुमार आया। उसने लड़की से ब्याह कर लिया। नीला राणा बहुत जुल्म करता था, लोग उससे तंग आ गए थे। एक दिन उसने शिकार मारा। शिकार खड्ड में गिर गया। कोई उतरने के लिए तैयार नहीं था। नीला राणा खुद उतरा, लेकिन रस्से की सहायता बिना ऊपर नहीं आ सकता था। उसके नौकर-चाकर नीला को वहीं छोड़कर चले आए। कोलङ् ठाकुरवंश उसी लड़की की सन्तान है—माँ की तरफ से तिब्बती और बाप की तरफ से पहाड़ी राजपूत। मुझे पता लगा कि पास की गुम्बा में एक बहुत सुन्दर चित्रपट है। गुम्बा ठाकुर साहेब के घर से आधे मील की चढ़ाई पर थी। वह मुझे वहाँ ले गए। चित्रपट रेशम पर बना है, और बहुत सुन्दर है।

भोजन और थोड़ा विश्राम करके दो बजे मैं अपने घोड़े पर केलङ् के लिए रवाना हुआ। रास्ता दस मील का है, लेकिन मुझे कोई जल्दी नहीं थी; और तीन घंटे चलकर केलङ् (10100 फीट) पहुँचे। घोड़ेवाले कल ही यहाँ पहुँच गए थे। केलङ् लाहुल का शासनकेन्द्र है। लाहुल यह ल्ह-युल् (देवदेश) से बिगड़कर बना है, लेकिन यहाँ वाले अपने प्रदेश को ह-श अथवा गर्ज़ा कहते हैं। लोग तिब्बती बौद्ध धर्म को मानते हैं, और नाम प्रायः दो-दो रखते हैं, जैसे ठाकुर मंगलचन्द का तिब्बती नाम है टशी-दावा और उनके पुत्र खुशहालचन्द का कल्जङ्-दावा। जिस वक्त पंजाब में सिक्खों का राज था, तो लाहुल ने महाराजा रणजीतसिंह की अधीनता स्वीकार की थी। लेकिन जैसे ही अंग्रेज कुल्लू तक पहुँचे, वैसे ही लाहुल के ठाकुरों ने अधीनता स्वीकार करते हुए अंग्रेजों के पास भेंट भेजी। अंग्रेजों ने लाहुल पर हथियार का कानून कभी नहीं लगाया, आज भी वहाँ बन्दूक पर लाइसेंस नहीं है। शायद हिन्दुस्तान में कुर्ग और लाहुल दो ही ऐसे प्रदेश हैं, जहाँ हथियारों का कानून नहीं है। केलन में तहसीलदार के भाई ठा. पृथ्वीचन्द मिले। यह ठाकुर मंगलसिंह के बड़े भाई के लड़के हैं। शुरू ही से लाहुल की तहसीलदारी कोल के ठाकुर खानदान में चली आई। पृथ्वीचन्द एफ.एस-सी. में फेल हो गए। आजकल वह फौज में अफसर होने की कोशिश कर रहे थे।

अगले दिन (29 सितम्बर) ठाकुर पृथ्वीचन्द के साथ घोड़े पर चढ़कर मैं गुङरङ गया। लद्दाख (स्तोक्) की रानी इसी खानदान की हैं। यहाँ की गुम्बा में सहस्रबाहु अबलोकितेश्वर की मूर्ति है। उस वक्त वहाँ सेरा गुम्बा का एक ढोंगी ढावा ठहरा हुआ था। गुम्बा की दीवारों में चित्र बने हुए हैं और लता के साथ कुछ मूर्तियाँ हैं, जिनमें से कुछ टूट गई हैं। यह मूर्तियाँ काफी पुरानी हैं। कड़ी उतराई उतरकर हम भागा के किनारे आए, और पुल पार करके जो-लिङ् गए। यहाँ एक मन्दिर में बुद्ध और देवताओं की पुरानी काष्ठमूर्तियाँ हैं। मन्दिर की मरम्मत करने की कोई परवाह नहीं करता। वर्षा के पानी से मूर्तियों को बहुत नुकसान पहुँचा है। हम केलङ् लौट आए। यहाँ मोरावियन् मिशन का बहुत दिनों से काम हो रहा है, लेकिन लोगों को ईसाई बनाने में उसे बहुत कम सफलता हुई। पादरी अशबो बहुत भद्र पुरुष हैं, वह चाहते हैं कि केलङ्वाले सुशिक्षित बनें और सुखी रहें।

दो बजे हम आगे के लिए रवाना हुए। नजदीक का पुल टूट गया था, इसलिए कठिन चढ़ाई-उतराई के बाद हमें नीचे के पुल से भागा को पार करना पड़ा। फारदङ् अगला गाँव था, यहाँ कपड़ा बुननेवाले बुशहरियों बहुत-से घर थे, पहाड़ में खोदी कुछ मूर्तियाँ भी थीं। बाईं ओर के एक ऊँचे पहाड़ पर गनधोला की गुम्बा है, इसे गुरुघंटाल भी कहते हैं, और इसका सम्बन्ध सिद्धवज्रघंटापा से जोड़ा जाता है। यहीं नीचे चन्द्रा और भागा दोनों नदियों का मेल होता है, फिर वह चन्द्रभागा बन चम्बा रियासत की ओर जाती है। अब हमारा रास्ता चन्द्रा के दाहिने तट से था। आगे 58वें मील पर हम गूँदला पहुँचे। गूँदला के ठाकुर फतेहचन्द से पृथ्वीचन्द की बहन ब्याही है, और फतेहचन्द की बहन खुशहालचन्द से। यहाँ के ठाकुरों का मकान बहुत विचित्र-सा है, ज्यादातर काठ का है, और छै तल्लों में विभाजित है—दूर से देखने में एक बड़ी आलमारी-सा मालूम होता है। यद्यपि ठाकुर फतेहचन्द इस वक्त कुल्लू के मेले में गए थे, लेकिन पृथ्वीचन्द हमारे साथ थे, कोई कष्ट नहीं हुआ। त्रुमबा (फाफड़) के आटे का चीला, मक्खन और खट्टी दही की चटनी खाने में बहुत अच्छी लगी। तीसरे तल्ले पर मन्दिर है। मूर्तियों में प्रथम संस्थापक ठाकुर की भी मूर्ति है, उसकी पोशाक मुगलकाल की पगड़ी और चौबन्दी। तिब्बती भाषा में 'कर्मशतक' का एक पुराना खंडित हस्तलेख देखा। यहाँ एक लचकदार खाँडा रखा हुआ है, जिसके बारे में कहा जाता है कि यह तिब्बत में मिला था, पहिले टूटा हुआ था, फिर जुड़ गया। संगमरमर की एक जैनमूर्ति भी है, जो बुद्ध के नाम से पूजी जा रही है। कुछ और भी तिब्बती हस्तलिखित ग्रंथ हैं।

ठाकुर पृथ्वीचन्द को यहीं से लौट जाना था, मुझे आज खोक्सर पहुँचना था। लेकिन बीच में कुछ पुरानी मूर्तियों का पता लगा था, इसलिए मुझे वहाँ भी जाना था। अगले दिन (30 सितम्बर) साढ़े आठ बजे रवाना हुआ। 55वें मील पर सुक्खू और उनके साथी ठहरे हुए थे, उन्होंने वहाँ घोड़े को दाना खिलाया, फिर मैं सीसू गाँव की ओर चला। वह रास्ते से हटकर पहाड़ के ऊपर था। किसी वक्त लाहुल के सारे पहाड़ देवदार के वृक्षों से ढके रहे होंगे। लेकिन सैकड़ों वर्षों से लोगों ने वृक्षों को बेदर्दी से काटा है।

फलतः जंगल बहुत कम रह गया है। कूट का रोजगार जबसे चमका है, तबसे लोग और नये खेतों के बनाने में पिल पड़े हैं। कूट एक बहुत ही सुगन्धित जड़ है। उस वक्त वह 5 रुपया बट्टी (1 बट्टी-30 छटाँक) बिकता था। कूट पहिले सिर्फ जांस्कर के जंगलों में मिलता था। लाहुलवाले वहाँ कूट चुराने जाया करते थे। फिर उन्होंने यहाँ लगाकर देखा और अब वह बाकायदा कूट की खेती करते हैं, और कूट सिर्फ कश्मीर की इजारादारी नहीं रह गई। सीसू की मूर्तियाँ मुझे उतनी पुरानी नहीं जँचीं। वहाँ से दो गाँव और आगे जाने पर मुझे वैद्य घास काटता हुआ मिला, जिसके पास कुछ पुरानी मूर्तियों को बतलाया गया था। पीतल की ललितासना मूर्ति वस्तुतः सुन्दर है, कहा जाता है वह बनारस से उड़कर आई है। दूसरी छोटी-सी मूर्ति मुकुटधारी धर्मचक्र प्रवर्त्तन-मुद्रासन बुद्ध की है। इसकी पीठ पर संस्कृत में कुछ लिखा हुआ है। अक्षर 10वीं सदी के आसपास के मालूम होते हैं। वैद्य दूर तक मुझे पहुँचाने आया। बेरास्ता ही उतरकर चन्द्रा के किनारे आना पड़ा। रास्ते की कठिनाई के लिए क्या पूछना? सूर्यास्त के समय खोक्सर पहुँचा। हमारे साथी पहिले ही से डाक-बँगले के पास डेरा डाले हुए थे।

कुल्लू में—कुल्लू 53 मील रह गया था। अगले दिन (1 अक्टूबर) मैं 7 बजे सबेरे ही चल पड़ा। घोड़े वाले अभी हुक्का चिलम में लगे हुए थे। कुछ दूर तक तो मामूली चढ़ाई रही, फिर 3 मील जबरदस्त चढ़ाई आ गई। आगे रटङ्जोत का समतल-सा मैदान मिला। उच्चतम स्थान से जरा-सा आगे बढ़ने पर व्यास-कुंड था। व्यास नदी का आरम्भ इसी से होता है। ब्राह्मणों ने इसे छोटा-मोटा तीर्थ बना लिया और इसे व्यासमुनि का स्थान बतलाते हैं। उन्हें यह पता नहीं कि व्यास नदी का नाम 'विपाश्' है। कुंड के पास एक खंडित मूर्ति हैं। आगे सिर्फ एक जगह थोड़ी-सी बरफ मिली, जो फिसलाऊ भी थी। उतराई में घोड़े पर चढ़ना सवार और जानवर दोनों के लिए तकलीफ की बात है। मैं लगाम पकड़े पैदल चल रहा था। सोचा लगाम छोड़ दें, घोड़ा को ऐसे ही ले चलें, लेकिन वह नीचे की ओर चल पड़ा। खैर, दौड़कर किसी तरह उसे हाथ में लिया। कितनी ही दूर जाकर फिर उतराई आई। लोगों ने बतलाया था कि वहाँ साँपों की मढ़ी है, सैकड़ों साँप पड़े रहते हैं, लोग मिठाई चढ़ाते हैं,

और नाग भगवान को हाथ जोड़ते हैं। मैं भी नाग भगवान के दर्शन करना चाहता था, पर उस वक्त उनका पता नहीं था। नीचे एक पुल मिला। अब जगह अच्छी आ गई थी, इसलिए घोड़े पर चढ़ गया। मैंने उसे तेज किया। कई बार व्यास नदी को आरपार करना पड़ा। सड़क राला के डाक-बँगले से ही अच्छी मिल गई थी। रास्ते में एक जगह लद्दाख के सेब और साथ के परोठे खाये। दो बजे मैं मनाली पहुँच गया। यह अच्छा-खासा बाजार है और पंजाबी दूकानदार हर तरह की चीजें बेंचते हैं। पास में देवदारों का एक अच्छा सा बाग है, जिसे जंगल के मुहकमे ने लगाया है। सेब के बगीचे भी यहीं से शुरू हो जाते हैं, मोटर कुल्लू जाने के लिए तैयार थी। कुल्लू यहाँ से 23 मील है। गोया आज मैं 30 मील घोड़े से आया। सवाल था, यहाँ रहकर सुक्खू का इन्तजार करें या आगे चले जाएँ। मीरू दूकानदार से सुक्खू की जान-पहिचान थी। मैंने घोड़े के खिलाने के लिए चार आने पैसे दे दिये और कह दिया कि इसे सुक्खू को दे देना। सवा दो रुपया दे मोटर पर बैठा। कुल्लू तक सड़क काफी चौड़ी नहीं है, इसलिए एक वक्त एक ही ओर लारी आती है और मनाली तथा कुल्लू दोनों ओर की मोटरें कटराई में मिलती हैं। यहाँ हरे-हरे दरख्तों से ढके पहाड़ दोनों तरफ हैं। सड़क के किनारे बगीचों में लाल-लाल सेब लटके हुए थे। शाम को मैं कुल्लू पहुँच गया। लाला थेब्बड़मल के लड़के रुलियाराम ने लद्दाख ही में पता बता दिया था, इसलिए मैं उनके घर पर पहुँचा। लाला थेब्बड़मल के देखने से मालूम होता था, कि कोई महागरीब है, लेकिन उन्होंने खूब धन पैदा किया है। कुल्लू में उनकी पाँच-छह दूकानें हैं। एक लड़का लद्दाख का अच्छा सौदागर है, दूसरा यारकन्द (चीनी तुर्किस्तान) में रोजगार करता है। लाला थेब्बड़मल व्यापारी ही नहीं हैं, बल्कि खुद ही अपने मकानों के इंजीनियर हैं, किंतु आदमी सजग न रहे, तो दिन में जरूर कोई न कोई अंग टूट के रहेगा।

आजकल कुल्लू में दशहरे का मेला लगा हुआ था। मैं भी दूसरे दिन (2 अक्टूबर) मेला देखने गया। हर तरह की चीजें तो बिकती ही हैं, लेकिन यहाँ की खास बात थी सारे पहाड़ के 365 देवताओं का एकत्रित होना। मुझे संख्या तो पूरी नहीं मालूम होती थी, लेकिन देवता आए थे बहुत सजधज के।

छोटी-छोटी डोलियाँ थीं, जिनके भीतर देवता कपड़ों में लपेटकर रखे थे। शायद वहाँ कपड़े और चाँदी के पत्तर पर बेढंगी तसवीरें खुदी हुई थीं। अपने-अपने देवता को लोगों ने अलग स्थान निवास-स्थान में रखा था। स्त्री-पुरुष शराब पी-पीकर खूब मस्त थे, जगह-जगह नाच हो रहा था। स्त्रियों की नाक में दुअन्नी-भर की गोल लवंग जरूर होती थी और किसी-किसी ने तो नाक में तीन-तीन छेद करवाये थे। तिब्बत की स्त्रियों ने अभी इसे नहीं समझा है, कि नाक का सूँघने के अलावा दूसरा भी इस्तेमाल हो सकता है। दूसरा मार्के का आभूषण था टिकली। पोशाक—पाजामा, कुर्ता और सिर पर रूमाल। किसी-किसी ने कुर्ते के ऊपर जाकेट भी पहिन रखी थी। यहाँ के स्त्री-पुरुष दोनों सिगरेट के शौकीन हैं। कुल्लू में एक राजा भी रहता है, लेकिन अब वह जागीरदार-भर था। उसका महल सुल्तानपुर में है। टालपुर, सुल्तानपुर की अपेक्षा अखाड़ा बाजार में ज्यादा बड़ी-बड़ी दूकानें हैं। दूसरे दिन (3 अक्टूबर) रावण जलाया गया, देवताओं को पाँच प्राणियों—मछली, मुर्गी, मेष, भैंसा और सूअर की बलि दी गई। कुल्लू सिर्फ सेब ही के लिए मशहूर नहीं है, बल्कि इधर पहाड़ की एक बड़ी मंडी है। तिब्बत का ऊन यहाँ आता है। हमारे साथ चीनी तुर्किस्तान के चरस को ढो-ढोकर ला रहे थे और यहीं से वह सारे हिन्दुस्तान में जाती है।

4 अक्टूबर को मेले की तरफ गए, मालूम हुआ, घोड़ेवाले कल ही यहाँ पहुँच गए। सामान काफी था, सबको अपने साथ ले जाना जहमत समझ मैंने यहीं से रेलवे ऐजेन्सी को देकर पटना के लिए बिल्टी करा दिया। लाला थेब्बड़मल खाने-पीने में कंजूस नहीं थे। उनके यहाँ मांस पकता था और कुल्लू के झीवर (कहार) व्यास की मछलियों को पकाकर बेंचते थे। वह स्वादिष्ट थीं।

5 अक्टूबर को सबेरे ही उठकर हाथ-मुँह धो नाश्ता किया। मोटर साढ़े 6 बजे से आकर मेले के मैदान में ठहरी रही। फिर 8 बजे डाक लेकर वहाँ से रवाना हुई। रास्ते में गद्दियों की भेड़ें मिलती थीं, और उनके हटने में देर होती थी। अब हमें गरमी मालूम हो रही थी। 11 बजे मंडी पहुँचे, यहीं मध्याह्न भोजन किया। 12 बजे फिर लॉरी चली। थोड़ा ही आगे व्यास का पुल पार करना पड़ा।

पुलवाले ने एक पैसा महसूल लिया। कुछ देर चलकर फिर हमें पहाड़ों पर ऊपर-ऊपर चढ़ना पड़ा। एक जगह और रियासत को 6 आना कर देना पड़ा। 4 बजे हम योगेन्द्र नगर पर पहुँच गए। आर्यसमाज में ही गुजारा हो सकता था, क्योंकि सनातनधर्म मन्दिर वाले शायद हमारे भक्ष्याभक्ष्य से सन्तुष्ट न होते।

6 अक्टूबर को 9 बजे सबेरे हमारी गाड़ी रवाना हुई। बैजनाथ मन्दिर आने पर बहुत गरमी मालूम होने लगी। मैंने समझा था, अक्टूबर में गर्मी खतम हो जाएगी। गाड़ी में भीड़ नहीं थी। ज्वालामुखी-रोड स्टेशन को पार किया, देवी का दर्शन नहीं कर सके, इसके लिए अफसोस रहा। एक सज्जन ज्ञानयोग, कर्मयोग पर बात करते रहे। अन्त में उन्हें मालूम हुआ कि मैं नास्तिक हूँ, तो उन्हें कुछ आश्चर्य हुआ। साढ़े 5 बजे पठानकोट पहुँचे। छोटी लाइन खतम हो गई, और बड़ी लाइन की गाड़ी 6 बजे रवाना हुई। अमृतसर में गाड़ी बदलने की जरूरत नहीं पड़ी। मैं साढ़े दस बजे रात को लाहौर पहुँच गया।

लाहौर में (7-11 अक्टूबर 1933 ई.)—लाहौर से मेरा बहुत पुराना सम्बन्ध है, लेकिन पुराने सम्बन्ध वाले स्थानों में सालों बाद जब आदमी जाता है, तो कितने ही परिचित चेहरों को सदा के लिए विलुप्त हो गया देखता है, जिससे दिल पर हल्की-सी टीस लगती है। यह प्रसन्नता की बात थी, कि एक पुराने मित्र पं. सन्तराम वहाँ मौजूद थे। डॉक्टर लक्ष्मणस्वरूप तो कल स्टेशन पर लेने गए थे, किन्तु मैं वहाँ से चला आया था। वह कहाँ छोड़नेवाले थे, इसलिए उनके घर पर चला जाना पड़ा। लाहौर में मुझे एक विशेष कार्य के लिए प्रयत्न करना था, वह था पंजाब-विश्वविद्यालय में तिब्बती भाषा को भी परीक्षा के लिए स्वीकार कराना। डॉक्टर बुलनर उस वक्त विश्वविद्यालय के वाइस चान्सलर थे। उन्होंने इस विषय में बड़ी दिलचस्पी दिखाई और कहा कि यदि कश्मीर-सरकार का शिक्षाविभाग सिफारिश कर दे, तो हमारे काम में आसानी हो जाएगी। कश्मीर के शिक्षाविभाग से आशा नहीं थी और वह बात वहीं की वहीं पड़ी रही।

यद्यपि अक्टूबर का प्रथम सप्ताह बीत चुका था, किन्तु मुझे यहाँ गर्मी मालूम हो रही थी। डॉक्टर लक्ष्मणस्वरूप ने अपना जीवन निरुक्त के लिए दे दिया था। अपने सामने मैंने उन्हें नवतरुण देखा था, जब कि मैं पहले-पहल लाहौर गया था, किन्तु अब वह शरीर और मन दोनों से बूढ़े हो गए थे।

मालूम होता था कि अब वह अपने को जीवन के अन्तिम छोर पर समझ रहे हैं। प्रोफेसर सिल्व्याँ लेवी का पत्र लेकर कुमारी लाजवंती रामकृष्णा कश्मीर गई थीं, किन्तु तब तक मैं लद्दाख चला गया था। वहाँ डाक से उनका पत्र मिला। मैंने लाहौर आने पर उनको सूचित कर दिया था। उनके पत्र के उत्तर में डॉक्टर साहब ने बड़ी नम्रता के साथ लिख दिया था कि मैं उनके यहाँ ठहरा हूँ, यदि इच्छा हो (If she Cares) तो अमुक समय मिल सकती हैं। 'इच्छा हो' के लिए डॉक्टर साहब ने जिस शब्द का प्रयोग किया था, उसका अंग्रेजी से अक्षरशः अनुवाद करने पर अर्थ निकलता था 'यदि गरज हो'। इस पर लाजवंती जी बहुत नाराज हो गईं। मुझे और डॉक्टर साहब को बहुत सफाई देनी पड़ी। डिक्शनरियाँ खोलकर भी हम दिखाने को तैयार थे, किन्तु उधर 'तिरियाहठ' था। लाजवंती जी ने मीठी-मीठी चाय पिलाई। मुझ पर तो वह रंज नहीं थीं, किन्तु मालूम नहीं, डॉक्टर साहब को उन्होंने क्षमा किया या नहीं? डॉक्टर साहब होम्योपैथिक डिब्बा भी रखते थे। मैंने पूछा, यह क्यों? उत्तर मिला—सचमुच राजी-खुशी से नहीं, ठोंक-पीटकर वैद्य बनाया गया हूँ। पहाड़ पर जाया करता था। लोग डॉक्टर सुनकर दवाई लेने चले आया करते थे। यह डॉक्टर नहीं, वह—इसके बारे में कौन माथा-पच्ची करे, मैंने होम्योपैथी का डिब्बा मँगा लिया और जो आता उसे दवा देता था। यह अच्छी तरह जानता ही था, कि होम्योपैथी की गोलियाँ नुकसान नहीं करतीं। "और फायदा भी रामभरोसे ही होता है"—मैंने हँसते हुए कहा।

लाहौर में कुछ व्याख्यान भी देने पड़े। लाहौर अब 18 साल पहलेवाला लाहौर नहीं था। अभी वह वहाँ नहीं पहुँचा था, जहाँ कि वह उजड़ने के समय पहुँचा था, किन्तु यहाँ का शिक्षित मध्यम वर्ग यूरोप के आधे मार्ग से ही यूरोप की भूमि पर पहुँच गया था। रमणियाँ पेरिस की अप्सराओं का कान काट रही थीं। लाहौर की जन-संख्या भी तेजी से बढ़ती जा रही थी। शिक्षा ही लोगों को गाँवों की तरफ से नगरों की तरफ फेंकती है। यहाँ तो हिन्दुओं को शहरों की तरफ भागने के लिए मजबूरियाँ भी पैदा हो गई थीं। उस समय वह लाहौर को अलकापुरी बनाने में लगे हुए थे, किन्तु तब उनको क्या पता था—"सब ठाठ पड़ा रह जाएगा, जब लाद चलेगा बनजारा।"

11 अक्टूबर को अपने दो मित्रों पं. सन्तरामजी और पं. भूमानन्दजी के साथ स्वामी सत्यानन्दजी से मिलने अमृतधारा गए। आर्यसमाज के ये बड़े प्रसिद्ध वृद्ध संन्यासी थे। जैन साधु से वह आर्यसमाजी बने थे। उनके मधुर व्याख्यानों की बड़ी धूम रहती थी। मैंने मुसाफिर विद्यालय के जमाने में आगरे में उनके दर्शन किये थे। लाहौर में जब पहिले-पहिल आया, उस वक्त उन्होंने मेरी सहायता की थी। उन दिनों आर्यसमाजी प्रचारक बनने की मुझमें धुन थी। अब मैं नास्तिक हो गया था। ईश्वर के अभाव का मुझे चौबीसों घंटे साक्षात्कार होता था और उधर स्वामी सत्यानन्दजी भगवान का दर्शन कर चुके थे। अजब विरोधी-समागम था। उनका स्वभाव भी मधुर है और मैं भी बात करने में उत्तेजित नहीं होता। मैंने चर्चा चलने पर अपनी नास्तिकता के बारे में स्पष्ट कहा। वह आँखें मूँदे ध्यानावस्थित हो बातें कर रहे थे, ईश्वरदर्शन की भी बातें करते जा रहे थे।

11 अक्टूबर को मैं लाहौर से पूरब की ओर चला।

जाड़े के दिन

अबकी लद्दाख-निवास में मैंने 'मज्झिमनिकाय' का पाली से हिन्दी में अनुवाद किया था। उसका दिसम्बर तक छप जाना भी अनिवार्य था, इसलिए प्रयाग में रहने की आवश्यकता थी; क्योंकि वहीं लॉ जर्नल प्रेस में पुस्तक दी जानेवाली थी। लेकिन, बीच में जहाँ-तहाँ मित्रों के आग्रह को पूर्ण करना भी आवश्यक था।

बनारस-सारनाथ—हमारी गाड़ी लाहौर से फैजाबाद होती सीधे बनारस पहुँची। यहाँ के मित्र सभी बाहर हुए गए थे। 13 अक्टूबर को भाई साहब मौलवी महेशप्रसाद से मिलने नगवा गया। अब बड़े परिवार के स्वामी थे, लेकिन आर्यसमाज की लगन अब भी उनमें बनी हुई थी। 14 ता. को सारनाथ गए। अनागरिक धर्मपाल के देहान्त हो जाने के बाद अभी महाबोधि सभा के खर्च का अधिकार मंत्री को मिला नहीं था, इसलिए 'मज्झिमनिकाय' के अनुवाद के छापने का निश्चय नहीं हो सका। विसेसरगंज में पुराने मित्र राजवैद्य मुरारीलालजी मिले। उनको वैद्य बनाने में मेरा भी कुछ हाथ था। मैंने ही आर्यसमाज की उपदेशकी छोड़ वैद्यक पढ़ने के लिए कहा था, लेकिन उनकी वैद्यक कुछ चल नहीं रही थी। हाँ, वेदान्त की बीमारी अभी भी उनका पीछा नहीं छोड़ रही थी।

पटना—14 ता. को ही मैं पटना पहुँच गया। तीन बजे रात को कौन नौकरों को परेशान करे, मैं जायसवालजी की कोठी के बरामदे में कुर्सी पर ही लेट रहा। सबेरे जायसवालजी ने देखा और दोनों गंगाजी स्नान करने गए—

वह गंगास्नान के बड़े पक्षपाती थे और कहते थे, इससे जुकाम कभी नहीं होता। गंगाजल अब भी रजस्वल था, इसलिए नहाने में मुझे तो आनन्द नहीं आया, मालूम हुआ अब की साल की अतिवृष्टि से लद्दाख ही में घर नहीं गिरे, बल्कि इधर भी अच्छे-अच्छे घर चूने लगे थे।

'मंजुश्रीमूलकल्प' को देखते वक्त मुझे उसके कुछ अध्याय ऐतिहासिक महत्त्व के मालूम हुए। मैंने इसकी चर्चा जायसवालजी से की। वह अब की गर्मियों में उस पर भिड़ गए और उन्होंने उसके सम्बन्ध में एक महत्त्वपूर्ण लेख लिख डाला। मैंने जब उसके हस्तलेख को पढ़ा, तो मुँह से निकल आया—जायसवालजी जादूगर हैं, कहाँ से इतनी बातें निकाल लेते हैं। सचमुच ही उनकी प्रतिभा अद्वितीय थी। अफसोस यही रहता कि जीवन के बहुमूल्य समय को वह अपने योग्य काम में नहीं लगा सके।

छपरा के मेरे राजनीतिक सहकर्मी अब भी जब-तब मिलते और कभी-कभी कार्यक्षेत्र में आने के लिए जोर भी देते थे। किन्तु जान पड़ता है, मैं प्रकृत्या राजनीति के लिए नहीं बनाया गया। 16 अक्टूबर को मैंने दैनन्दिनी में लिखा भी था—(1) "अत्यन्त आदर्शवाद, पुराने साथियों के विरोध पर पश्चात्ताप का प्राबल्य; (2) इतिहास की खोज की ओर उत्कट रुचि"...। मेरे राजनैतिक सहकारी जैसी बयार बहती थी, वैसे बन जाते थे—कहीं जाति-पाँति की भावना के सहारे काम निकालना चाहते थे और कभी निजी स्वार्थ के फेर में पड़ जाते थे। मैं इस पैंतरेबाजी में कितनी बार अकेला रह जाता था। दूसरी ओर विद्यासम्बन्धी कार्यों का आकर्षण था ही। तो भी वर्तमान सामाजिक और राजनीतिक विधान से मैं सन्तुष्ट नहीं था, इसीलिए समय-समय पर मैं अपने को काबू में नहीं रख पाता था। उस वक्त छपरा में कोई चुनाव की धूम थी।

भागलपुर—भागलपुर में बिहार प्रान्तीय हिन्दी-साहित्य सम्मेलन था, जिसके सभापति जायसवालजी निर्वाचित हुए थे। 20 अक्टूबर को जायसवालजी के साथ भागलपुर के लिए रवाना हो गया। उसी दिन श्री बलदेव चौबे (वर्तमान स्वामी सत्यानन्द) की चिट्ठी मिली। उन्होंने अन्तिम परीक्षा से तीन महीने पहिले बी.ए. की पढ़ाई से असहयोग करना चाहा था, उस समय मैंने उन्हें रोकना चाहा था; किन्तु वे रुके नहीं, अब लोकसेवक समिति की सदस्यता से

इस्तीफा देने जा रहे थे। मैंने परिवार का विचार करके वैसा न करने के लिए कहा, लेकिन वे मानने को तैयार नहीं थे। खैर, आदमी या परिवार हर एक परिस्थिति में कोई रास्ता निकाल ही लेते हैं। और मैं तो चौबेजी के परिवार की जीवन-यात्रा का काफी श्रेय बहन महादेवीजी को दूँगा। उन्होंने अध्यापकी करके लड़के-लड़कियों की पढ़ाई को सँभाला, नहीं तो चौबेजी आरम्भ ही से घरफूँकू थे। घुमक्कड़ होते हुए घरफूँकू की चिन्ता मुझे क्यों होने लगी, यह प्रश्न हो सकता है, किन्तु मेरी चिन्ता चौबेजी के लिए नहीं थी।

भागलपुर में हम श्री देवीप्रसाद ढंढनियाँ के यहाँ ठहरे, जायसवालजी के कारण ही समझिए, नहीं तो मुझे वहाँ ठहरने की आवश्यकता नहीं थी। ढंढनियाँजी का मकान खूब साफ-सुथरा था, कमरे सजे हुए थे। कितनी ही कलासम्बन्धी वस्तुओं का भी उन्होंने संग्रह किया था। लेकिन मैंने टिप्पणी लिखी थी—

"जिनके परिश्रम के बल पर यह सब उपजता है, उनकी क्या अवस्था है?" अगले दिन (21 अक्टूबर) हम सुलतानगंज गए। गढ़ पर एकाध मूर्तिखंड नये देखने में आए। नाव से हम गंगा के भीतर अजगैबीनाथ देखने गए। जिस शिला का यह टापू है, उस पर बहुत-सी मूर्तियाँ उत्कीर्ण हैं। जायसवालजी भी सहमत थे, कि वे गुप्तकाल की हैं। गुप्तकाल अर्थात विक्रमादित्यकाल, फिर यह शिला विक्रमशिला कही जा सकती है। तो भी सुल्तानगंज विक्रमशिला है यह निस्संकोच नहीं कहा जा सकता; क्योंकि विक्रमशिला जैसे महाविहार का ध्वंसावशेष यहाँ दीख नहीं पड़ता।

सवा बजे से साहित्य सम्मेलन का आरम्भ हुआ। बनैली के कुमार रामानन्दसिंह स्वागताध्यक्ष बनाये गए थे, लेकिन उन्हें आने की फुर्सत नहीं थी! जायसवालजी का भाषण विद्धत्तापूर्ण रहा। शाम को गृहपति के भतीजे हमें अपना सुन्दर वन दिखलाने को ले गए। वहाँ 80 बीघे में एक विशाल बाग था। एक बड़ी साफ-सुथरी मिट्टी की भीत जैसी सीमेंट की कुटिया भी थी। गृहपति का बहुत आग्रह था, कि मैं जब-तब यहाँ आकर उनके आतिथ्य को स्वीकार करूँ। किन्तु मेरे पैर में तो चक्कर है।

सम्मेलन की दूसरे दिन की बैठक में प्रवाह के विरुद्ध मैंने कचहरियों में रोमन लिपि के पक्ष में बोलना चाहा। चारों ओर से घोर विरोध हुआ और

कहा गया कि चूँकि मैं सदस्य नहीं हूँ इसलिए मुझे बोलने का अधिकार नहीं। किन्तु जायसवालजी के कहने पर लोग मेरी बात सुनने के लिए तैयार हो गए। उस वक्त सरकार अंग्रेजों के इशारे पर उर्दू लिपि को भी बिहार की कचहरियों में घुसेड़ना चाहती थी। मैंने यही कहा, कि यदि रोमन अक्षर स्वीकार करते हैं, तो उर्दू से पिंड छूटता है, नहीं तो उर्दू भी सबको अवश्य पढ़नी पड़ेगी। कचहरियों के बाहर हमारा सब काम-काज हिन्दी नागरी में होना चाहिए।

भागलपुर जाने के अवसर पर एक और काम हो गया। मैंने अपनी यात्राओं और यात्रा-सम्बन्धी लेखों के लिखने से अनुभव किया था, कि घुमक्कड़ के पास फोटो का कैमरा अवश्य होना चाहिए। मैं अपने साथ लद्दाख एक कैमरा ले गया था, किन्तु वह उतना अच्छा नहीं जँचा। लाहौर में एक दूकान पर रोले-फ्लैक्स को देखा। था पुराने माडल का इसलिए 170 रु. में मिल रहा था, किन्तु उस वक्त तो यह रकम भी मेरे लिए बहुत थी। सुल्तानगंज से निकलनेवाली 'गंगा' में मैंने बहुत-से निःशुल्क लेख दिये थे। अब मैंने कहा—आगे लेख तभी मिलेंगे, यदि कैमरा मिल जाए। 'गंगा' वालों ने रुपया मनीआर्डर कर दिया और कैमरा कुछ समय बाद मेरे पास चला आया। तबसे 11 साल तक वह कैमरा मेरे साथ देश-विदेश घूमता रहा, मैंने उससे हजारों फोटो लिए। 1944 ई. में रूस जाते वक्त साथ ले जाने की आज्ञा न होने के कारण क्वेटा में एक सज्जन के पास रख दिया और वह सदा के लिए बिछुड़ गया।

प्रयाग— पहली नवम्बर को मैं सारनाथ में था। 'मज्झिमनिकाय' के छपवाने की बड़ी चिन्ता थी। मुझे बड़ी प्रसन्नता हुई जब महाबोधि सभा के मंत्री देवप्रियजी ने उसका छपवाना स्वीकार कर लिया और लॉ जर्नल प्रेस के लिए 500 रुपये का चेक भी दे दिया। मैं अगले ही दिन प्रयाग पहुँचा। लेकिन अभी छपाई के काम के पहले एक और बला सामने आई। भागलपुर से ही पैर के अँगूठे में दर्द होने लगा था, जो दिन-दिन बढ़ता ही गया और एक समय तो मालूम होने लगा कि शायद आपरेशन कराना पड़ेगा। डॉक्टर धोते रहे, दवाई देते रहे, किन्तु कोई लाभ नहीं। रात को नींद हराम हो गई थी। मैं तो अँगूठे से वंचित होने के लिए भी तैयार था। शायद वह पीड़ा काफी दिनों तक रही। मैं समझता था कि फोड़ा भीतर ही भीतर पक रहा है।

किन्तु अँगूठा फूला भी नहीं था। काफी दिनों बाद पता लगा, कि रबड़ के जूते के कारण नंगे अँगूठे पर रबड़ की रगड़ ही इस दर्द का कारण थी। मैंने जूता हटा दिया और एक-दो दिन में पैर बिलकुल ठीक हो गया।

लॉ जर्नल प्रेस को पुस्तक 3 नवम्बर को सौंप दी। पं. कृष्णप्रसाद दर ने कहा कि बड़ौदा जाने तक पुस्तक छपकर तैयार हो जाएगी। पौने दो महीने में अस्सी फरमे की किताब छापना आसान काम नहीं था और उस समय अभी लॉ जर्नल प्रेस में मोनोटाइप मशीन भी नहीं थी। हिसाब लगाने से मालूम हुआ कि 1500 प्रतियों पर करीब 2700 रुपये खर्च होंगे।

श्री वाङ्मोलम को मैं यूरोप जाते सिंहल में छोड़ गया था। उन पर यक्ष्मा का आक्रमण हुआ। एक बार कुछ महीने कनक-शानतुरे के स्वास्थ्य आश्रम में होकर लौट भी आए थे, किन्तु फिर पुराने लक्षण प्रकट होने लगे और उन्हें लौट जाना पड़ा। सिलोन से 8 नवम्बर को चिट्ठी मिली, जिसमें वाङ्मोलम के देहान्त की सूचना थी। आगे यह भी पता लगा, कि वाङ् महाशय ने समुद्र में कूदकर आत्महत्या की थी। वह जीवन से निराश थे, घुल-घुलकर जीने के लिए तैयार नहीं थे और इस तरह उन्होंने छुटकारा पा लिया। किन्तु उनके मित्रों को तो जीवन-भर उनकी स्मृति अपने पास रखनी होगी, जब-तब उस आदर्शवादी हृदय और उसकी सौम्यमूर्ति का ध्यान करना होगा। हाँ, यह ध्यान एक ही पीढ़ी तक रहेगा। अगली पीढ़ी क्या जानती है, कि चीन में एक आदर्शवादी तरुण था, उसने अपना जीवन बुद्ध के सन्देश को फैलाने में अर्पण किया, फिर बुद्ध के देश और उनके व्यक्तित्व से अधिक घनिष्टता प्राप्त करने के लिए वह भारत के पास सिंहल में आया। वहाँ कितनी सादगी और बालसुलभ स्वभाव से वह रहता रहा और अन्त में इस प्रकार अपने जीवन का अन्त किया।

सारनाथ— सारनाथ का वार्षिकोत्सव आया। 8 से 16 नवम्बर तक मुझे वहाँ रहना पड़ा। सारनाथ लोगों को अधिक और अधिक आकर्षित कर रहा था। उस साल 400 से अधिक यात्री चटगाँव से आए थे। 10 नवम्बर को बनारस में मैंने भाषण दिया, वहीं एक आदमी मेरे पास आकर खड़ा हुआ। मैंने पूछा कि तुम कहाँ रहते हो? जवाब मिला—बनारस। मुझे उस समय यह नहीं मालूम हुआ, कि वह मेरा द्वितीय सहोदर रामधारी है। पीछे जब स्मृति ताजी हुई,

तो मुझे दुख हुआ, वह अपने मन में न जाने क्या समझेगा। लेकिन पचीस-पचीस साल बाद तक स्मृति कैसे ताजी रह सकती थी।

11 नवम्बर को सारनाथ में बौद्धों की सभा थी। जापानी प्रोफेसर व्योदो भी उसमें बोले थे, मैं तो सभा का सभापति ही था। वक्ताओं में पं. जवाहरलाल भी थे, उन्होंने बुद्ध के प्रति अपनी श्रद्धाञ्जलि भेंट की थी। पेनांग (मलाया) के भिक्षु गुणरत्न ने अपने यहाँ आने का आग्रह किया, किन्तु उसे मैं दो साल बाद पूरा कर सका। उसी समय श्री व्योदो के यहाँ भी अतिथि बनने का सौभाग्य मिला।

मैं प्राच्य सम्मेलन (Oriental Conference) बड़ौदा के हिन्दी-विभाग का अध्यक्ष चुना गया था। उसके लिए भाषण लिखना आवश्यक था, किन्तु मेरा लिखने का मन नहीं करता था। बेमन का लिखना मेरे लिए बड़ा भार होता है। वस्तुतः उसे भाषण देने के एक दिन पहिले बड़ौदा जाकर पूरा कर सका।

फिर प्रयाग में— मैंने सोचा था कि सारनाथ रहकर प्रूफ देख लूँगा; किन्तु तजर्बे ने बतलाया, कि लग्गी से पानी नहीं पिलाया जा सकता। इसलिए 19 नवम्बर को प्रयाग चला आया। उदयनारायण तिवारी (अभी वह डॉक्टर नहीं हुए थे) उस वक्त दारागंज की एक सकरी गली के भीतर रहते थे, वहीं 19 नवम्बर से प्रायः एक महीने के लिए मैंने डेरा डाल दिया। प्रूफ का काम बड़े जोर से चला। कभी-कभी तो रात के ढाई-तीन बज जाते थे। अन्त में तो एक दिन (17 दिसम्बर) प्रेस में जाकर डेरा डालना पड़ा। वहाँ सबेरे आठ बजे से रात के आठ बजे तक प्रूफ देखने का काम हुआ। 18 दिसम्बर को 'मज्झिमनिकाय' की छपाई समाप्त हो गई। मुझे बड़ा सन्तोष हुआ।

प्रयाग से मेरा यह प्रथम परिचय हो रहा था। उस समय मुझे क्या मालूम था, कि प्रयाग में घर-द्वार न होते भी वह मेरा घर-सा बन जाएगा और वहाँ बहुत-से हितमित्र, बन्धु-बान्धव तैयार हो जाएँगे। डॉ. बद्रीनाथप्रसाद और डॉ. उदयनारायण तिवारी तो आरम्भिक दिन ही से मेरे मित्र बन गए। यह मित्रता धीरे-धीरे और अधिक आत्मीयता में परिणत हो गई। 26 नवम्बर को म्युनिसिपल म्यूजियम देखने का अवसर मिला। दो ही साल पहले पं. ब्रजमोहन व्यास ने संग्रह के काम को शुरू किया था और केवल आन्तरिक भक्ति से प्रेरित होकर।

वहाँ भारशिव काल की मूर्तियाँ और कितने ही लेख संगृहीत थे। दो शिलालेख महाराज भद्रमाघ के थे। व्यासजी ने कितने ही चित्र और हजारों हस्तलिखित ग्रंथ भी जमा कर लिए थे। व्यासजी को पुरानी वस्तुओं के संग्रह का नशा है। जब तक नशा न हो, तब तक कोई आदमी असाधारण काम नहीं कर सकता। अल्पसाधन या असाधन आदमी भी धुन में लग जाने पर क्या कर सकता है, इसका उदाहरण यह म्यूजियम है। दशाब्दियाँ बीतते-बीतते शताब्दी का रूप ले लेंगी, तब तक यह संग्रहालय भी एक विशाल संग्रहालय का रूप ले लेगा। उस समय प्रयाग के ही नहीं, बाहर के भी इतिहासप्रेमी पं. ब्रजमोहन व्यास का नाम बड़े आदर से लेंगे। कितने ही लोगों ने पुरातत्व-सामग्री के संग्रह का शौक किया, काफी सिक्के और मूर्तियाँ भी जमा कीं, वह व्यापार के लिए भी यह काम नहीं करते रहे, किन्तु उनके देहान्त के बाद संगृहीत निधि तितर-बितर हो गई। हर बात में पुत्र पिता का उत्तराधिकारी नहीं हुआ करता, इसीलिए अग्रसोची को व्यासपथ का अनुसरण करना चाहिए। और वस्तुओं के संग्रह में व्यासजी ने जो-जो पथ स्वीकार किये, जैसे-जैसे मूजियों के पेट में से अनमोल सामग्री को निकाल लाए, यदि उन बातों को उल्लेखबद्ध कर दें, तो वह अत्यन्त मनोरंजक ही नहीं बल्कि भविष्य के संग्राहकों के लिए बड़े लाभ की चीज होगी।

लद्दाख में रहते 'मज्झिमनिकाय' के अनुवाद के अतिरिक्त मैंने जो तिब्बती प्राइमर, तिब्बती पाठावलियाँ और तिब्बती व्याकरण लिखे थे, उनके छपाने की भी फिक्र में था; किन्तु उस समय केवल प्राइमर के छपने का प्रबन्ध हो सका, व्याकरण अगले साल निकला। 'तिब्बत में बौद्धधर्म' भी उसी वक्त लिखा गया था। हिन्दुस्तानी एकेडमी की पत्रिका ने सौ रुपया देकर उसे छापना मंजूर स्वीकार किया। उस जाड़े में चालीस रुपये जायसवालजी और चालीस रुपये महाबोधिसभा से भी मिले थे। यह था सम्बल जिसके बल पर घुमक्कड़ी नहीं की जा सकती, किन्तु तो भी देनेवालों के लिए कृतज्ञता तो प्रकट करनी ही होगी।

4 दिसम्बर को मैं उस कल्पना को सोच रहा था, जो आगे चलकर 'वोल्गा से गंगा' के रूप में प्रकट हुई। चाहता था कि शिकारी जीवन से लेकर

ईस्वी 12वीं शताब्दी तक की ऐतिहासिक कहानियाँ लिखी जाएँ। कहानियाँ 10 से अधिक न हों और प्रत्येक 40 पृष्ठ से अधिक न हो। किन्तु यह कल्पना 9 साल बाद हजारीबाग-जेल में कागज पर उतरी।

9 दिसम्बर को पुस्तक-प्रेमी चक्करवालों के चक्कर में पड़ गया और उनकी बैठक में जाना पड़ा। बैठक तेजबहादुर सप्रू के भवन में थी, जिसमें हाईकोर्ट के दो जज बाजपेयी और नियामतुल्ला तथा दो अंग्रेज सज्जन भी आए थे। मैंने तिब्बत-यात्रा पर कुछ कहा। वहाँवालों में सप्रू का दिमाग तो बिलकुल बूढ़ा मालूम होता था। वह यूरोप और जर्मनी होकर उसी समय लौटे थे। वोल्शेविकों की निंदा और हिटलर की तारीफ बड़ी गम्भीरता के साथ कर रहे थे। नियामतुल्ला के दिमाग में कुछ अधिक ताजगी मालूम होती थी। दो घंटे वहाँ देने पड़े, जो उस समय बड़े मूल्यवान थे, किन्तु तो भी समाज की नाक को नजदीक से देखने का मौका मिला—वहाँ यद्यपि सिर्फ लिफाफा और ढोल के अन्दर पोल थी, किन्तु मेरे लिए वह अनुभव बेकार नहीं हो सकता था।

पटना से ही भिक्षु धर्मकीर्ति मेरे साथ हो लिए थे। धर्मकीर्ति वइकाल के पास बुरियत मंगोलिया के रहने वाले मेरी प्रथम तिब्बत-यात्रा के साथी थे। वह दार्जिलिंग में आए हुए थे। मेरे पत्र लिखने पर चले आए थे। यहाँ आने पर उनकी तबियत खराब हो गई और मैंने बनारस में रामकृष्ण मिशन अस्पताल में आपरेशन के लिए रख दिया। 10 दिसम्बर को उनका आपरेशन हुआ। चौथे दिन पता पाकर मैं वहाँ गया। देखा, वह अच्छी हालत में हैं। उनका घाव पूरा नहीं हुआ था कि जनवरी में भूकम्प आया, धर्मकीर्ति मकान को हिलते देखकर उसी अवस्था में भी निकलकर बाहर हो गए थे।

बड़ौदा की यात्रा

20 दिसम्बर को प्रयाग से बड़ौदा के लिए चलना पड़ा, किन्तु सभापति का भाषण अब भी तैयार नहीं हो पाया था। हाँ, मुझे बड़ा सन्तोष था, कि मैं अपने साथ 'मज्झिमनिकाय' की 12 हिन्दी प्रतियाँ विद्वानों को भेंट करने के लिए ले चल रहा हूँ। प्रयाग से पं. जयचन्द्र विद्यालंकार भी साथ चल रहे थे। रेल यात्रा के बारे में हम दोनों के सिद्धान्तों में आकाश-पाताल का अन्तर है। मैं ट्रेन के समय से आधा घंटा पहिले स्टेशन पहुँचने का पक्षपाती हूँ और विद्यालंकार जी एक सेकेंड भी आगे पहुँचने को समय का भारी अपव्यय समझते हैं। मैंने तो समझा, शायद वह साथ नहीं चल सकेंगे, लेकिन गार्ड के झंडी दिखलाते-दिखलाते वह हाँफते-दौड़ते डिब्बे के भीतर पहुँच गए। छिंउकी में हमें गाड़ी बदलनी पड़ी और वहाँ हम उसी ट्रेन में बैठे जिससे जायसवालजी चल रहे थे। हमारी एक पूरी जमात थी, जिसमें जायसवाल परिवार के अतिरिक्त पटना म्यूजियम के क्यूरेटर श्री मनोरंजन घोष, फोटोग्राफर तथा दूसरे सहायक भी थे। श्री क्षीरोदकुमार राय के साथ तो सबसे अधिक समय और अधिक दूर तक मुझे रहना पड़ा था। आज भी आर्थिक कठिनाइयों से पीड़ित किन्तु चेहरे पर की हँसी की रेखा को कभी मलिन न होने देनेवाले उस प्रतिभाशाली पुरुष की स्मृति जब आती है, तो कह उठता हूँ—राय मोशाय, तुम क्यों इतने जल्दी चले गए और अपने जौहर को बिना दिखलाए जाना क्या उचित था?

कटनी में डॉ. हीरालाल मिलने आए। बड़ौदा वह कुछ ठहरकर आनेवाले थे। उनकी आयु 60 वर्ष से अधिक की थी, किन्तु शरीर से स्वस्थ थे। किसे मालूम था कि वह इतनी जल्दी और हाथ में इतना बड़ा काम लेकर हमें छोड़ जाएँगे।

अजन्ता-एलोरा—21 दिसम्बर को ट्रेन जलगाँव पहुँची। वहाँ से फर्दाबाद के लिए मोटर-बस की गई। तेरीगाँव भी प्राचीन नगरी रही होगी! पाहुर में हमने हाथ-मुँह धोकर जलपान किया। आठ बजे के करीब फर्दाबाद के अतिथिभवन में पहुँचे। जायसवालजी की पार्टी निजाम की अतिथि थी। वहाँ सरकारी प्रबन्ध था। भोजन करते-करते बारह बज गए। फिर हम लेना (गुफा) देखने गए और साढ़े तीन घंटे तक घूमते रहे। अधिकांश लेना बाकाटक-काल की है। वहाँ वज्रयान का पता नहीं है। महायानी बोधिसत्त्वों की मूर्तियाँ भी दो-एक ही जगह दिखाई पड़ीं। यह मुख्यत: हीनयानी विहार था। एक जगह भवचक्क (भवचक्र) चित्रित था, किन्तु खंडित था, इसलिए कहा नहीं जा सकता कि तिब्बती भवचक्र से क्या अन्तर रखता है। चैत्य (स्तूप) वाले घर बहुत पुराने हैं। एक चैत्य को काटकर बुद्धमूर्ति बनाई गई थी, जो पीछे का काम था। चित्रों के अधिकांश उत्तम पात्र तुंगनास है, चित्रों के सौन्दर्य के बारे में कहने की क्या आवश्यकता?

अगले दिन हम वहाँ से एलोरा के लिए रवाना हुए। देवगिरि (दौलताबाद) रास्ते में पड़ा। यह दुर्जय दुर्ग कैसे पराजित हुआ, कैसे मुट्ठी-भर मुसलमान दिल्ली से आकर इसे दखल करने में सफल हुए? देवगिरि, जिसका मंत्री हेमाद्रि जैसा विद्वान् था, जिसके दरबार में भास्कराचार्य जैसा ज्योतिषशास्त्री था, क्या वह पराजित होने के लिए था? दुर्गपाल हैदराबाद का सैनिक था। वह और उसके सिपाही सभी मुसलमान थे। मुसलमान होना बुरा नहीं, किन्तु अपनी संस्कृति के साथ सहानुभूति का अभाव, जरूर बुरी तरह खटकता है। देवगिरि को ऊपर-नीचे देखकर हम लौट रहे थे। सिपाहियों के सरदार से मैंने पूछा—तुम्हारे यहाँ शरियत की पाबन्दी कैसी की जाती है? उसने बड़े अभिमान से कहा—हमारी इस्लामी बादशाहत है। मैंने पूछा—तुम्हारे इस्लामी बादशाह की दोनों पुत्रबधुएँ मुँह खोलकर क्यों घूमती हैं? तुरन्त उत्तर मिला—सारी रियाया उनकी औलाद है, औलाद के सामने पर्दा करने की क्या आवश्यकता?

रास्ते में खुल्दाबाद मिला। यहीं औरंगजेब की कब्र है। औरंगजेब से चिढ़ने की क्या आवश्यकता? समाज का कोढ़ कहीं से फूटकर निकलेगा ही, व्यक्ति तो निमित्तमात्र होता है।

साढ़े ग्यारह बजे हम बेरूल पहुँचे। इसी बेरूल को अंग्रेजों ने एलोरा बना दिया। अहल्याबाई यहीं पैदा हुई थी, बल्कि उसने एक बार फिर 'कैलाश' में पूजा शुरू करवाई थी। उसी समय कुछ भद्दी मरम्मत का भी उपक्रम हुआ था। अब भी उस समय का कुछ रंग जहाँ-तहाँ दिखलाई पड़ता है। पल्लवों के महाबलीपुरम् के गुहाप्रासादों से प्रेरणा पाकर राष्ट्रकूटों ने 'कैलाश' का निर्माण किया था। पल्लव-कला ने यहाँ ही नहीं, समुद्र पार 'वरोबुदूर' (जावा) के बनानेवालों को प्रेरणा दी थी, जहाँ से प्रेरणा पाकर कंबुजनरेशों ने अंकोरथोम का निर्माण किया था। हम बौद्ध, जैन, ब्राह्मण सभी गुफाओं को देखते रहे। वज्रयान का यहाँ भी पता नहीं था। हाँ, महायान के अमोघपाश अवलोकितेश्वर, प्रज्ञापारमिता और तारा की मूर्तियाँ अवश्य थीं। इन गुहाओं का निर्माण बाकाटकों से भी पहले से शुरू हुआ था।

आगे 23 दिसम्बर को नासिक और 24 दिसम्बर को हमने कार्ला की गुफाएँ देखीं। नासिक की पांडवलेनी गुफाएँ शक-शातवाहन काल की हैं। यहाँ बहुत से अभिलेख हैं। यहाँ पर भी कुछ स्तूपों पर पीछे बुद्ध की मूर्ति खोदी गई।

23 ता. को ही हम लोनावड़ा पहुँच गए और श्री खोटे के बँगले पर ठहरे। श्री दुर्गा खोटे सिनेमा-तारका वहाँ मौजूद नहीं थीं, किन्तु उनके घर के बच्चे फर-फर हिन्दी बोल रहे थे। मैंने पूछा—तुमने हिन्दी कहाँ से सीखी? जवाब मिला—सिनेमा से, और कहाँ से? हाँ, सिनेमा ने अहिन्दी भाषा-भाषी प्रान्तों में जो हिन्दी का प्रचार किया है, वह कम महत्त्व की चीज नहीं है। अगले दिन हमने कार्ला और भाजा की गुफाएँ देखीं। बड़े दिन की छुट्टियाँ थीं, इसलिए दर्शक बहुत आए थे। पहाड़ से एक मील के कम ही की चढ़ाई थी, हमने पानी के चश्मे, संघाराम की कोठरियाँ, सिंहस्तम्भ और चैत्यघर देखे। चैत्यघर के भीतर स्तम्भों की पाँतियाँ हैं, जिनके ऊपर हाथियों पर सुन्दर स्त्री-पुरुष-मूर्तियाँ बनी हुई हैं। बहुत से हस्तलेख हैं, जो ब्राह्मी होने के कारण मेरे लिए दुष्पाठ्य नहीं थे। मैं भीतर उन अभिलेखों को पढ़ रहा था, और ईसापूर्व द्वितीय शताब्दी

की वेशभूषा को बड़े ध्यान से देख रहा था; इधर बरामदे में जायसवालजी राय महाशय से कुछ लिखवा रहे थे। मेरे बाहर निकलने पर उन्होंने बड़ी गम्भीरता से कहा—यह देखिए, इस काल में बुद्धमूर्ति बना करती थी। मैंने कहा—यह हो नहीं सकता। किन्तु सचमुच वहाँ बुद्धमूर्ति उत्कीर्ण थी। मैंने ध्यान से देखा तो मालूम हुआ कि जहाँ बुद्ध की मूर्ति उत्कीर्ण है, वहाँ पहिले एक वृक्ष था, जिसका ऊपरी भाग अब भी वहाँ मौजूद था; बुद्धमूर्तिभित्ति के साधारण तल के भीतर से खोदकर बनाई गई है। मैंने इस बात को समझाया। जायसवालजी ने कहा—आपने ठीक कहा, मैं भारी गलती करने जा रहा था। राय महाशय से नोटबुक की पंक्तियाँ कटवा दी गईं। कार्ला से मड़वली स्टेशन के पास से हो वहाँ से आध मील पर अवस्थित भाजा गाँव गए। थोड़ी-सी चढ़ाई चढ़ने पर बौद्ध गुफाएँ मिलीं। यहाँ की गुफाएँ कार्ला से भी प्राचीन हैं। अंतिम चैत्यगुहा के बरामदे में सात चैत्य बने हुए हैं। यहाँ सातवाहन राजा कौशिकीपुत्र का अभिलेख है। इस उपत्यका का नाम नाड़ी मांवड़ है। किसी समय यहाँ बहुत-से समृद्ध गाँव और नगर रहे होंगे। भाजा की गुफाओं के ऊपर लोहगढ़ का पुराना दुर्ग है, जिसका शिवाजी के वीरतापूर्ण इतिहास से विशेष सम्बन्ध है।

बम्बई—25 दिसम्बर को हम बम्बई पहुँच गए। वहाँ एक उच्च-मध्यमवर्ग के शिक्षित महाराष्ट्र परिवार में ठहरे। दिन-भर बम्बई में रहना था। हमने एलिफेंटा के गुहाप्रासाद और सुन्दर मूर्तियाँ भी देखीं। फादर हेरास ने भी सांत्-साविये महाविद्यालय (सेंटजेवियर कालेज) में अपने पुरातत्व-संग्रहालय को दिखलाया। फादर हेरास अपनी धुन के पक्के हैं, पंडित ब्रजमोहन व्यास की तरह तो नहीं, किन्तु उनका भी संग्रह बहुत अच्छा है। सबसे विचित्र बात हमें घर की गृहपत्नी की मालूम होती है। वह गलित-यौवना थी, किन्तु उनकी साध बुझी नहीं थी। जिस समय सासें अपने श्रृंगारसज्जा को बहू के लिए छोड़ देती हैं, उस समय भी वह अपने को सजाने में अपनी त्रिपुर-सुन्दरी पुत्रवधू के कान काट रही थीं। हम तो दस ही बारह घंटे वहाँ रहे, किन्तु इसी में न मालूम कितनी बार उन्होंने अपनी साड़ियाँ बदलीं। हाँ, मैं मानूँगा कि उनका यह कार्य किसी को अरुचिकर नहीं मालूम हो सकता था, क्योंकि पतझड़ के समय में भी चिरविस्मृत वसंत की सुगन्धि उनके मुखमंडल से सर्वथा

विलुप्त नहीं हुई थी, फिर अतिथियों के सत्कार के लिए तो वह बराबर हाथ बाँधे खड़ी रहती थीं।

बड़ौदा—26 दिसम्बर को सूर्योदय से पहिले ही बड़ौदा होटल के पास अतिथिशाला में हमें पहुँचा दिया गया। जायसवालजी थोड़ी देर बाद दूसरी गाड़ी से आए। रियासत के मेहमानों का यह भवन था, फिर आराम और सफाई के लिए क्या पूछना? डॉक्टर हीरालाल और डॉक्टर हीरानन्द भी उसी दिन आ गए और हम लोगों के साथ ही ठहरे।

बड़ौदा में प्राच्य-सम्मेलन के अतिरिक्त जो चीजें देखीं, उनमें एक आर्यकन्या महाविद्यालय भी था। बिहार के मेरे परिचित बन्धु श्री श्रुतबन्धु शास्त्री वहाँ अध्यापक थे, उन्होंने विद्यालय दिखलाया। लड़कियाँ कुर्ता और हाफपेंट पहने घूमती बुरी नहीं मालूम होती थीं। व्यायाम का भी उनमें बहुत शौक था और संगीत जैसी ललित कला को भी वह भुलाना नहीं चाहती थीं। पढ़ाने का ढंग आधुनिक और प्राचीन दोनों था। विद्यालय के संस्थापक राजरत्न पं. आत्माराम अमृतसरी बड़े प्रेम से मिले। आर्यसमाज के प्रथम आवेग में मैंने उनके ग्रंथों से लाभ उठाया था, इसलिए 68 वर्ष के उस कर्मठ पुरुष से मिलकर मुझे बड़ी प्रसन्नता हुई।

श्री देवप्रिय ने महाबोधिसभा के प्रकाशन के कार्य के लिए महाराजा से सहायता प्राप्त करने के बारे में कहा था। चन्दा माँगने में हमेशा कच्चा रहा हूँ और राजा-महाराजाओं की तो परछाईं भी मुझे कड़वी लगती है, किन्तु जब महाराजा की ओर से मिलने के लिए सूचना आई, तो मैं "मज्झिमनिकाय" के प्रकाशक के आग्रह को कैसे ठुकरा सकता था? वह इन्द्रभवन जैसे राजप्रासाद के उपवन में धूपनिवारक छत्र लगी कुर्सी पर बैठे थे। एक-एक करके लोग सामने लाए गए, मैं भी पहुँचा। मैंने इस भेंट के बारे में उस दिन लिखा था : "अच्छे पुरुष हैं। भाषान्तर के कार्य में सहानुभूति प्रकट की। 'विद्याधिकारी से कहेंगे' बोले।"

उसी दिन (27 दिसम्बर को) न्यायमन्दिर में साढ़े चार बजे प्राच्य-सम्मेलन का कार्य आरम्भ हुआ। सारे भारत के बड़े-बड़े इतिहासकार, पुरातत्ववेत्ता, मुद्राशास्त्री, पुरालिपिशास्त्री, भाषातत्वज्ञ, उस विशाल शाला में आसीन हो

चाँद-चकोर हो प्रतीक्षा कर रहे थे, महाराजा पूरे आध घंटे के बाद पधारे। महाराजों की कुछ तो विशेषता होनी चाहिए, आखिर वह पृथ्वी पर विष्णु भगवान के अवतार होते हैं। और बड़ौदा के महाराजा सयाजीराव कोई दकियानूसी उजड्ड राजा नहीं थे। वह सभी बातों में बहुत आगे बढ़े हुए बतलाए जाते थे। खैर! उनका भाषण बहुत अच्छा हुआ और अन्त में अलिखित भाषण उन्होंने और भी अच्छा किया। जायसवालजी ने सभापति पद से बहुत सुन्दर भाषण दिया।

आगे अलग-अलग विभागों की सम्मिलनियाँ शुरू हुईं। 28 दिसम्बर तक मैंने इसी तरह अपने भाषण को तैयार कर लिया था। 29 तारीख को दोपहर को हिन्दी विभाग की बैठक में उसे पढ़ा। दूसरे विद्वानों ने भी कुछ निबन्ध पढ़े, किन्तु प्राच्य-सम्मेलन में तो अंग्रेजी सर्वेसर्वा थी, वहाँ हिन्दी को कौन पूछता था?

बड़ौदा में उस समय कर्नल वेयर रेजिडेंट थे। उनसे मिलकर अवश्य प्रसन्नता हुई। जब मैं अपनी पहली तिब्बत-यात्रा से लौट रहा था, उस समय यही 'बड़े साहेब' थे। उन्होंने अपने तिब्बती चित्रों, मूर्तियों तथा दूसरी चीजों के संग्रह को दिखलाया। अवलोकितेश्वर की एक अत्यन्त सुन्दर मूर्ति उनके पास थी। पति-पत्नी दोनों सज्जन, संस्कृत और कलाप्रेमी थे। उनकी लड़की ने भी अपने बनाये कितने ही चित्र दिखलाए।

बड़ौदा से लौटते वक्त हमारा प्रोग्राम अहमदाबाद, आबू, अजमेर, चित्तौड़, उदयपुर, साँची और भिल्सा देखने का था, लेकिन जायसवालजी का साथ अजमेर ही तक रहा। उन्हें किसी मुकदमे की पैरवी के लिए वहाँ से सीधे पटना चला जाना पड़ा।

अहमदाबाद—31 दिसम्बर को दोपहर से पहिले ही हम अहमदाबाद पहुँच गए। सर गिरिजाप्रसाद-चिनूभाई माधवलाल के प्रासाद में ठहरे। यह साधारण 'सर' नहीं बल्कि पुश्तैनी 'सर' पदवीधारी (बेरोनेट) थे। उनका प्रासाद यूरोपीय ढंग से सजा हुआ था, लेकिन भोजन भारतीय, और भारतीय ढंग से परोसा जाता था। मेजबान ने आतिथ्य-सत्कार बड़े खुले दिल से किया। जहाँ सर गिरिजाप्रसाद ने अपने खींचे सिनेमा फिल्मों में प्राकृतिक दृश्यों की झाँकी कराई, वहाँ गृहललनाओं ने गर्बानृत्य देखने का भी मौका दिया। वैसे तो भारत का कौन-सा भाग है, जिसमें मुझे आत्मीयता नहीं मालूम होती,

किन्तु गुजरात का माधुर्य एक विलक्षण है। गुजरात की यह मेरी दूसरी यात्रा थी। प्रथम यात्रा (1913) में भी भूल गया था, कि मैं किसी और जगह आ गया हूँ। उस बार तो अभी मेरी आँखें बन्द थीं। उस वक्त जो कुछ ज्ञान होना था, वह केवल स्पर्श से। आनंद और नडियाद उस वक्त भी देखे थे, और अहमदाबाद में तो महीने भर रहा था, किन्तु उस वक्त कहाँ मालूम था, कि यहाँ 'हठीभाई नी वाड़ी' (1846 ई.) जैसा सुन्दर जैनमन्दिर है। यहीं हिलते मीनारोंवाली मस्जिद है, जिसका दूसरा नमूना दो साल बाद मुझे अस्पहान में देखने को मिला। यहाँ के मस्जिदों की सजावट में एलोरा की छाप दिखाई पड़ती थी, सैकड़ों स्तम्भवाली मस्जिदें देवगिरि के मस्जिद बने मन्दिर का स्मरण दिला रही थीं। हमने अहमदाबाद की पुरानी इमारतें देखीं और आधुनिक युग की विभूति कपड़े की मिलों को भी देखा। नगर के भीतर एक मस्जिद के पास एक बावड़ी देखी, जिसके दो तले पानी से ऊपर और पाँच पानी के नीचे हैं। इसे किसी मुसलमान महिला ने बनवाया था, लेकिन इस पर संस्कृत में भी अभिलेख हैं। अहमदाबाद आकर सत्याग्रह आश्रम देखे बिना कैसे लौट सकते थे? लेकिन हम साबरमती (सत्याग्रह) आश्रम में तब गए, जब कि सोनचिरैया चिरकाल से इस पिंजड़े को सूना कर गई थी। मकानों की कौन सुधि लेता? लोग लकड़ियाँ उठाए लिए जा रहे थे। अस्पृश्यता-निवारण का कुछ काम यहाँ से होता था, लेकिन आँगन सहित दोमहला मकान अधिकतर खाली पड़ा था। वहाँ से लौटते वक्त मुनि जिनविजयजी के दर्शन का सौभाग्य हुआ। उनकी विद्वत्ता और विद्याप्रेम की सुगन्धि तो पहिले भी पहुँच गई थी, किन्तु परिचय प्राप्त करने का यहीं अवसर प्राप्त हुआ।

राजस्थान में—31 दिसम्बर की रात की गाड़ी से जायसवालजी, मैं और एक कोई और आबू के लिए रवाना हुए। 'जीवन-यात्रा' का 7 अक्टूबर, 1933 से सितम्बर (1934) प्रथम सप्ताह तक प्राय: ग्यारह महीने का वर्णन खो जाने के कारण मुझे दोबारा लिखना पड़ रहा है, जिसमें पौने नौ महीनों के लिए मैं दैनन्दिनी इस्तेमाल कर सकता था, किन्तु पहिली जनवरी से 6 मार्च तक की डायरी भी मेरे पास नहीं है, इसलिए इस समय का वर्णन केवल स्मृति के भरोसे करना पड़ रहा है।

आबू-रोड से टैक्सी में हम लोग आबू पहुँचे। जायसवालजी के जातिभाई वहाँ पोस्टमास्टर थे। अपनी टुटही-मँड़इया में राम को देखकर शबरी जिस तरह विह्वल और चंचल हुई होगी, वही हालत उनकी थी। हम लोगों को वहाँ अधिक ठहरना नहीं था, इसलिए जलपान के बाद आबू के महासरोवर का थोड़ा-सा चक्कर काट देलवाड़ा के मन्दिर की ओर चल पड़े।

वस्तुपाल-तेजपाल की यह अमरकृति भारतीय वास्तुशिल्प की अमरनिधि है, संगमर्मर को मोम और मक्खन की तरह काटकर सुन्दर फूल-पत्ते निकाले गए हैं। किन्तु जान पड़ता है मूर्तिकला उससे पहिले ही भारत से रूठ गई थी।

आबू से अगला पड़ाव अजमेर पड़ा। ढाई दिन का झोंपड़ा, ख्वाजा साहेब की दरगाह और पुष्करराज के मगरमच्छ भी देखे। इनके साथ ही अठारह वर्ष बाद मुझे पं. रामसहाय शर्मा को भी देखने का मौका मिला, जो किसी समय संस्कृत विद्या से निराश होकर मेरे पास पहुँचे थे, किन्तु निराश ही उन्हें लौटना नहीं पड़ा। अजमेर से जायसवालजी पटना चले गए और बाकी यात्रा में अधिकतर चेतसिंह, जायसवाल और राय महाशय के साथ मुझे रहना पड़ा।

जयपुर और चित्तौड़ को हमने बड़े ध्यान दे देखा था, लेकिन दैनन्दिनी के पत्रों के बिना स्मृति अब उसे कहाँ तक स्फुरित करे। उदयपुर ही में किसी हवेली में हमें ठहराया गया था। वहाँ के कितने ही नये-पुराने महलों को हमने देखा। फिर वहाँ से एक कृत्रिम समुन्दर (जयसमुन्दर?) को भी देखने गए थे, जहाँ से लौटते वक्त महाराणा भूपाल सिंह की मोटर हमारे पास से जाती दिखाई पड़ी। चेहरा यद्यपि कुछ सेकेंड ही हमारे पास रहा, किन्तु उसमें सीसौदियावंश की कोई दिव्यता नहीं दिखाई पड़ी। लेकिन दिव्यता के लिए हम उनकी ही क्यों शिकायत करें? दूसरे वंशों के अवतंसों ने ही कौन-से सुर्खाब के पर खोंस रक्खे हैं?

चित्तौड़ में हमने कई घंटे लगाए, वहाँ की एक अर्धनिर्मित स्त्रीमूर्ति हमें बहुत सुन्दर मालूम हुई। चित्तौड़ या चित्रकूट क्यों नाम पड़ा? यहाँ कूट या शिखर नहीं है, इसका नाम चित्रपीठ हो सकता था, लेकिन पीठ के साथ चित्रता का सम्बन्ध कुछ विचित्र-सा मालूम होता! चित्रकूट के दो कीर्तिस्तम्भों में राणा कुम्भावाला तो मूर्तिशिल्प में हमें बहुत दरिद्र दिखलाई पड़ा, किन्तु दूसरा अच्छा था।

उज्जैन—चित्तौड़ से हम महाकाल की नगरी उज्जैन में पहुँचे। अवन्तिपुरी न जाने क्यों सुन्दर कविता-सीं आकर्षक मालूम होती हैं। उसका नाम तो और भी आकर्षक है। शूद्रक, कालिदास, वाण, दंडी सभी ने उसकी कीर्ति फैलाने में अपनी अमर लेखनी की सहायता दी। मेरी यह दूसरी यात्रा थी। महाकाल को देखा, लेकिन यह वही मन्दिर नहीं था, जहाँ वाण के व्यास महाभारत की सुन्दर कथा सुनाया करते थे। लेकिन हमारे लिए वहाँ एक व्यास मौजूद थे, जिन्होंने अवन्तिपुरी का हमें अच्छी तरह दर्शन कराया। पं. सूर्यनारायण व्यास सचमुच इस यात्रा में कवितामय मालूम होते थे। वह अपनी जन्मनगरी 'जन्मभूमि ममपुरी सुहावनि' के प्रति उचित गर्व कर सकते थे। कौन जानता है, अवन्तिपुरी फिर कभी विस्मृति के गर्भ से प्रकट होकर हमारे सामने आए। मेरे लिए तो वह सप्तपुरियों में सबसे श्रेष्ठ है।

साँची-भिल्सा—उज्जैन से हम भिल्सा चले आए। ग्वालियर रियासत ने भी जायसवालजी के देखने का प्रबन्ध किया था, जिसका उपयोग हम तीनों मूर्तियों ने किया। साँची को तो मैं पहिले भी देख चुका था, और खूब ध्यानपूर्वक, किन्तु विदिशा के खंडहरों को इसी बार देखने का मौका मिला। 'खम्बाबा' के नाम से प्रसिद्ध ग्रीक भागवत हेलियोदोर का गरुड़स्तम्भ देखा। उदयगिरि की गुफा में रोम-रोम से बलवीर्य बिखेरती नरसिंह की गुप्तकालीन मूर्ति देखी, जिसमें शायद चन्द्रगुप्त ने अपने ही को नरसिंह और गुप्तराज-लक्ष्मी ध्रुवदेवी को पृथ्वी के रूप में उत्कीर्ण कराया था। भिल्सा से हम ग्यारसपुत्र के उजड़े मन्दिरों को देखने गए। वहाँ के कुछ मन्दिर दसवीं शताब्दी और उससे पहिले के हैं, जब कि मूर्तिकला भारत से रूठी नहीं थी। वहाँ के तोरण सूक्ष्म तक्षणकला के श्रेष्ठ नमूने हैं।

भूकम्प (1934)—बड़ौदा की यात्रा से लौटकर जनवरी के मध्य में मैं प्रयाग में पं. उदयनारायण तिवारी के उसी गलीवाले मकान में था, जहाँ चाय के प्याले पी-पीकर रात भर प्रूफ देखा जाता रहा। दोपहर के बाद थोड़ा ही समय बीता था, जब कि खिड़कियाँ खड़खड़ाने और दीवारें गनगनाने लगीं। मुझे लन्दन में तीन महीने तक इसका अनुभव था। मेरे अवचेतन मन ने अपने को लन्दन में समझ लिया। लेकिन लन्दन में तो भूगर्भी रेल के कारण वैसा होता था,

यहाँ यह किसलिए, इसे सोचने की मुझे आवश्यकता नहीं मालूम हुई। इसी वक्त लोगों ने कहा—भूकम्प। अब भी हम जल्दी-जल्दी कोठे से नीचे नहीं उतरे। जल्दी-जल्दी नीचे उतरने की आवश्यकता भी नहीं थी, क्योंकि वहाँ तो सारा काम सेकेंडों में हो रहा था। हम कोठे से नीचे उतर कर सौ गज चलते, तब सड़क पर पहुँचते। दारागंज की सड़क भी दोनों ओर ऊँची अट्टालिकाओं से भरी है, फिर यदि मुंगेर और मुजफ्फरपुर की तरह मकान लेटने लगते, तो भागने के लिए समय कहाँ था? जब हम कोठे से नीचे उतर कर गली में पहुँचे, तब भी दीवार हिल रही थी।

भूकम्प बन्द हुआ। हम फिर मकान में चले गए और फिर पहिले की तरह बातचीत होने लगी। रात तक हम इस घटना को भूल ही से गए थे, किन्तु अगले दिन के समाचारपत्रों में बिहार में भूकम्प की प्रलय-लीला छपी हमने पढ़ी। मुजफ्फरपुर, दरभंगा को प्रलय समुद्र के गर्भ में समझा जाता था, उनकी कोई खबर ही नहीं थी। जमालपुर और मुंगेर की भयंकर ध्वंसलीला का कुछ-कुछ पता लगा था। ऐसे समय मुझे अपना स्थान भूकम्प पीड़ित जनता में दिखलाई पड़ा।

भूकम्प-क्षेत्र में— मैं प्रयाग से पटना के लिए रवाना हुआ। प्रयाग में तो भूकम्प का प्रभाव नहीं के बराबर था। मिर्जापुर में स्टेशन के पास कुछ ईंटें गिरी दिखलाई पड़ीं। पटना में जायसवालजी के परिवार में कुहराम मचा हुआ था—जायसवालजी किसी मुकदमे में दरभंगा गए थे। रात को आए, तो अँकवार भर के मिले—सचमुच ही लोग निराश हो गए थे, उत्तर बिहार से ऐसी ही खबरें आ रही थीं।

मैंने उत्तर बिहार में सेवा के लिए जाने का निश्चय किया। भूकम्प से प्रान्त की जो अवस्था हो गई थी, उसे सँभालने के लिए सरकार अकेली पर्याप्त नहीं थी। उसने राजेन्द्रबाबू और दूसरे नेताओं को जेल से छोड़ दिया। राजेन्द्रबाबू अपने पुराने दमा के रोग से पीड़ित थे, तो भी उस आफत में वह अपने रोग की पर्वाह नहीं कर सकते थे। देश-सेवक और उत्तर बिहार के पीड़ित क्षेत्र के नेता उनके पास पटना में पहुँचे थे। रात को जो पहिली टोली गंगा पार हुई, उसमें मैं भी था और पंडित जवाहरलाल नेहरू भी। पुराने कांग्रेसकर्मी बाबू देवेन्द्रगुप्त

को एक ट्रेन से पहले ही भेजा गया था, कि हाजीपुर में कुछ नाश्ता और एक टेक्सी का इन्तिजाम कर रक्खें, किन्तु भारत की घड़ी एक घंटा लेट रहती है और बिहार की तो उससे भी एक घंटा पीछे। अँधेरा रहते ही जब हम हाजीपुर पहुँचे, तो वहाँ कोई प्रबन्ध नहीं हो पाया था। लोग कह-भर रहे थे—सब हो रहा है। धीरे-धीरे पौ फटने लगी, लेकिन टैक्सी का कहीं पता नहीं। हाजीपुर और मुजफ्फरपुर के बीच में भूकम्प ने लाइन तोड़ दी थी इसलिए टैक्सी छोड़ जाने का कोई साधन नहीं था। नेहरूजी शंकित होने लगे। प्रबन्ध करने वालों में, विशेषकर देवेन्द्रबाबू को घबड़ाहट बढ़ी। देवेन्द्रबाबू वहाँ के रहने वाले नहीं थे, उन्होंने किसी दूसरे से प्रबन्ध करने को कह दिया था, दूसरे ने तीसरे को। खैर, हम लोगों ने वहीं मौजूद किसी मोटर वाले के हाथ-पैर पकड़ के मोटर मँगवाई। चाय के साथ भी छप्पन परकार बन रहा था, मैंने उसको छुड़वा किसी जगह से कुछ अंडे उबलवाए और कुछ प्यालियाँ चाय की बनवाईं, इस तरह सूर्योदय होने के साथ-साथ हम वहाँ से रवाना हो सके।

मुजफ्फरपुर— रास्ते में पुल टूटे थे और गड्ढों तथा झीलों में तो बाढ़ सी आ गई थी। मालूम हुआ, यह सारा पानी भूकम्प के वक्त धरती फोड़कर निकला था। रास्ते के गाँवों में ईंट के मकानों को अधिक नुकसान पहुँचा था। मुजफ्फरपुर में तो कितने ही मुहल्लों में मकानों के स्थान पर ईंटों और कड़ियों के ढेर लगे थे। कितनी जगह अब भी लाशें दबी पड़ी थीं। घायलों की संख्या अधिक थी और उनके रहने के लिए अस्पताली झोंपड़ियाँ बना दी गई थीं। भूकम्प का पूरा रूप अभी बाहरवालों को अच्छी तरह से मालूम नहीं हुआ था। जो खबरें गई थीं, वह इतनी अतिशयोक्तिपूर्ण थीं, कि उन पर विश्वास करना मुश्किल था।

शहर में घूमने के बाद राष्ट्रकर्मियों की छोटी सभा हुई। सीतामढ़ी की हालत बहुत बुरी बतलाई गई। वहीं मुझे सीतामढ़ी जाने के लिए कहा गया।

सीतामढ़ी— दूसरे दिन सबेरे ही तीन मूर्तियों के साथ हम सीतामढ़ी के लिए रवाना हुए। रेल का रास्ता बन्द था, सड़क के भी पुल टूटे हुए थे, इसलिए सवारी का कोई सवाल नहीं था। हम चार मूर्ति सड़क पकड़कर सीतामढ़ी की ओर चले। एक मूर्ति तो अपने गाँव में पहुँचकर अंतर्धान हो गई। यही नहीं, जब पीछे सहायता की वस्तुएँ लदकर सीतामढ़ी जाने लगीं, तो उस पर

से एकाध कनस्तर तेल भी उसने उतार लिया। बाकी दो मूर्तियों के साथ हम आगे बढ़े। सीतामढ़ी अब भी काफी दूर थी। भूकम्प के तोड़े एक पुल के पास जिस वक्त हम नाव से नाला पार हो रहे थे, उसी समय एक मोटरलारी खड़ी दिखाई पड़ी। मालूम हुआ, वह डिस्ट्रिक्टबोर्ड के चेयरमैन बाबू चन्द्रेश्वरप्रसाद नारायणसिंह के लिए आई है। मैंने अपने एक साथी को दौड़कर कहलवाया कि हमें भी साथ लेते चलें। लारी में जगह खाली पड़ी थी। चेयरमैन साहब वहाँ मौजूद थे, और वह मेरे नाम से अपरिचित नहीं थे, किन्तु उनका उत्तर उनके शिक्षा और पद के योग्य नहीं था। हम आराम के लिए नहीं बल्कि उसी दिन सीतामढ़ी पहुँचने के खयाल से प्रार्थी हुए थे। उसी दिन शाम को या दूसरे दिन हम सीतामढ़ी पहुँच गए। सीतामढ़ी के पास ही भूकम्प का केन्द्र था, इसलिए उसका सबसे भीषण रोष सीतामढ़ी पर हुआ था। पक्के मकान शायद ही कोई बच पाए थे। जेल की दीवारें तो लेटा-सी दी गई थीं।

कष्ट-सहायता का कुछ थोड़ा-बहुत पहले का भी मेरा अनुभव था। वहाँ फक्कड़ बाबा नरसिंहदासजी भी मौजूद थे। सहायता की वस्तुएँ भी जल्दी-जल्दी पहुँचने लगीं। हमने सहायता-केन्द्र स्थापित किया। अन्न की आवश्यकता सबसे अधिक थी, फिर जाड़ों के लिए कम्बल भी चाहिए थे। डेढ़-दो हफ्ते बीतते-बीतते तो वहाँ बहुत-सी संस्थाएँ सहायता करने के लिए पहुँच गईं और बिहार केन्द्रीय सहायता समिति में, जिसके काम के लिए मैं गया था, काम करने के लिए बहुत से आदमी पहुँच गए। पं. नेहरूजी दूसरी बार भी वहाँ पहुँचे। हमारे साथ की एक और मूर्ति कुछ ही दिनों बाद यहाँ से उड़नछू हो गई। वस्तुतः यह दोनों मूर्तियाँ उड़नछू थीं ही, एक तो भयंकर थी और दूसरी दायित्वहीन। तीसरे साथी बहुत सधे हुए, परिश्रमी और सेवापरायण व्यक्ति थे, उनका मकान सीतामढ़ी के पास था। उनके गाँव को भी क्षति पहुँची थी, लेकिन उन्होंने कभी घर जाने का नाम नहीं लिया और न सहायता पहुँचाने की बात कही। भले-बुरे आदमी की परीक्षा ऐसे ही समय होती है।

हम आसपास के गाँवों में भी गए। सीतामढ़ी के कुछ मीलों पर देकुली स्थान में मुझे किसी प्राचीन ध्वंसावशेष का संदेह हुआ, लेकिन वह समय पुरातत्व की गवेषणा का नहीं था।

चम्पारन—सीतामढ़ी का काम खूब होने लगा था। अब वहाँ मेरी विशेष आवश्यकता नहीं थी। मुझे वहाँ रहते प्रायः एक महीना हो गया था। मैंने वहाँ ही नेपाल में भीषण-संहार की खबर सुनी। महाबोधि सभावालों ने वहाँ सहायता के लिए जाने को भी कहा था, मैं सीतामढ़ी से ऊपर ही ऊपर मोतीहारी के लिए रवाना हुआ। रास्ते का नदी का पुल टूट गया था। उससे आगे कहीं पैदल और कहीं इक्के पर होते ढाका (?) थाना पहुँचा, और दूसरे दिन मोतीहारी गया। मोतीहारी को भी क्षति हुई थी, किन्तु सीतामढ़ी के बराबर नहीं। सहायता का काम बड़ी तत्परता से हो रहा था। वही बात मैंने बेतिया में भी देखी। फिर मैं रक्सौल पहुँचा। भूकंप ने अंग्रेजी सरकार को अपना कानून नरम करने के लिए बाध्य किया और उसने कांग्रेसी नेताओं को सहायता के काम के लिए जेल से बाहर कर दिया था, किन्तु नेपाल सरकार राहदारी के नियम को शिथिल करने को तैयार नहीं थी। मेरा आगे का रास्ता बन्द था। कुछ नेपाली भद्रपुरुष लौट रहे थे। मेरे पास सहायता के लिए जो पैसे थे, उसे मैंने उनके हाथ में दे दिया और फिर चम्पारन से सारन की ओर प्रस्थान किया।

सारन में—रक्सौल से लौटते वक्त एक जगह एक पूरी की पूरी पैसेंजर ट्रेन स्टेशन से दूर लाइन पर खड़ी थी। भूकम्प ने उसके आगे-पीछे के रास्ते को काट दिया था। मोतीहारी से गाड़ी अभी नहीं चलती थी, इसलिए एक नदी पार करके उसे पकड़ना पड़ा। मुजफ्फरपुर होते छपरा पहुँचा। छपरा में भूकम्प ने उतनी क्षति नहीं पहुँचाई थी, तो भी गंडक के किनारे के गाँवों में कुछ आदमी दबे थे। एक घर की पर्दानशीन औरतें तो चौखट के पास आकर दब मरी थीं। शायद "चौखट के बाहर निकलें या न निकलें" इस पर विचार कर रही थीं, भूकम्प ने उन्हें निर्णय करने का अवसर नहीं दिया।

5 मार्च तक हमने इसी तरह जहाँ-तहाँ भूकम्प पीड़ित स्थानों को देखते हुए बिता दिया।

गया—6 मार्च को पटना से गया पहुँचा। मेरे साथ मंगोल भिक्षु धर्मकीर्ति (छोइडक) भी थे। उस समय श्री प्रशान्तचन्द्र चौधरी गया में थे। जायसवाल जी के द्वारा उनसे परिचय हो चुका था। हम उनके बँगले पर गए। चौधरीजी उन आई.सी.एस. भारतीयों में से थे, जिनको विद्या का भी व्यसन होता है।

भारतीय इतिहास और कला से उनका विशेष प्रेम था। उस दिन आधी रात के बाद तक हमारी बात होती रही। गया में अपने साथी को बोधगया का दर्शन कराने के लिए आया था। अगले दिन चौधरीजी अपनी मोटर पर हमें बोधगया ले गए। बोधगया धर्मशाला में तीन मंगोल और दो-तीन चीनी भिक्षु थे। चीनी भिक्षुओं में दो की आपस में लाग-डाँट रहा करती थी। उनमें कुबड़ा शुद्ध चीनी और दूसरा अर्द्धचीनी (तिब्बती माता का पुत्र) था। कुबड़ा यद्यपि बहुत वर्षों से यहाँ रह रहा था, किन्तु उसने कभी हिन्दी सीखने की ओर ध्यान नहीं दिया। उसका नाम फू-चिन् था। उसके प्रतिद्वन्द्वी ने भी अपना नाम फू-चिन् रख लिया था, और भेद करने के लिए उन्हें बड़ा-छोटा फू-चिन् कहा जाता था। बड़े फू-चिन् ने नाम रखने के विरुद्ध जिला मजिस्ट्रेट तक अर्जी लगाई थी, लेकिन बड़े फू-चिनू की अर्जी का पढ़ना किसी के बस की बात नहीं थी। उसके पास चीनी -अंग्रेजी कोश था, जिसे देखकर वह अंग्रेजी में अर्जी लिखा करता था। अपने प्रतिद्वन्द्वी के विरुद्ध वह शिकायत कर रहा था—"चोता फू-चिन् काना पेसी-पेसी, पूचा तोरा-तोरा, बरा फू-चिन् पूचा पेसी-पेसी, काना तोरा-तोरा" अर्थात छोटा फू-चिन् पूजा कम करता है और खाना वेशी खाता है, लेकिन बड़ा फू-चिन् पूजा वेशी करता है और खाना कम खाता है।

मन्दिर के भीतर तिब्बती लोगों ने घी के दीपकों को जला-जलाकर भीतर चिपचिप कर रखा था। महंत की कृपा से बुद्ध के माथे पर वैष्णवी तिलक और कपड़े की अल्फी अब भी पड़ी थी। यह दृश्य किसी भी बौद्ध के लिए असह्य था। बौद्धों का यह परम पवित्र स्थान कब तक अवांछनीय हाथों में रहेगा?

गया में आकर साहित्यिक पंडाधिराज श्री मोहनलाल महतो से मिले बिना कैसे लौटा जा सकता था। उनका पुराना घर गिर गया था। एक दूसरे घर में मुलाकात हुई। कुछ देर तक सन्त-समागम रहा, लेकिन हरिकथा नहीं।

चौधरी महाशय पहुँचाने के लिए स्टेशन पर आए हुए थे। उनके एक परिचित सज्जन को उनके ब्याह की बड़ी फिक्र थी। वह कहने लगे—साहेब, आप ब्याह कर लें।

—क्या जरूरत है?

—आराम मिलेगा।

—और तरद्दुद?

उक्त सज्जन मुझसे कहने लगे—आप क्यों नहीं ब्याह करने के लिए इन्हें समझाते?

—मैं क्यों समझाऊँ, जब देखता हूँ कि एक आदमी ठीक रास्ते पर है।

—सभी सन्त तो नहीं हो सकते?

—शादी हो जाने पर ही इसका कौन निश्चय है?

सुल्तानगंज—8 मार्च को पटना होते सुल्तानगंज के लिए रवाना हुआ। इधर सीतामढ़ी से ही गले में खराश और खाँसी हो रही थी। मैं समझता था, कि निनाँवाँ या काँटे निकल आए हैं। अभी मुझे नहीं मालूम हो पाया था, कि यह टोन्सिल की बीमारी है, जितनी जल्दी उसे आप्रेशन करके निकलवा दिया जाए, उतना ही अच्छा। जमालपुर में देखा, कि यहाँ भूकम्प ने मकानों को अधिक नुकसान पहुँचाया है। सुल्तानगंज में धूपनाथसिंह और उनके बड़े भाई देवनाथसिंह का आतिथ्य था। उनके परिवार से और विशेषकर धूपनाथसिंह से मेरी बहुत आत्मीयता थी। धूपनाथसिंह जमींदार की तहसीलदारी छोड़कर विरागी बन गए थे, किन्तु पीछे उन्होंने कुमार कृष्णानन्दसिंह की खजांचीगिरी स्वीकार कर ली थी। दरबार में उनके जैसे ईमानदार आदमी का टिकना मुश्किल था। दरबार के गिद्ध कब पसन्द करते थे, कि धूपनाथ कुमार के पास रहें। मालूम हुआ, उन्हें नौकरी छोड़ने की नौबत आ रही है। मुझे तो यह बात अच्छी मालूम हुई। कुमार को इतना विश्वासपात्र आदमी नहीं मिलता, किन्तु उनके रहने से भी कुमार का विशेष फायदा नहीं हो रहा था। खर्च अंधाधुंध चल रहा था और लोग बहती गंगा में हाथ धो रहे थे। गढ़ पर कुमार साहेब का बँगला बन रहा था, भूकम्प के कारण उसे फिर से गिराकर बनाने की आवश्यकता पड़ी थी। दीवार के लिए नींव खोदी जा रही थी, उसी वक्त ऊपरी धरातल से पौने 6 फीट नीचे पुरानी दीवार निकल आई। वहाँ एक चबूतरा भी मिला, जो पौने बारह फीट अर्थात ऊपर से साढ़े सत्तरह फीट नीचे तक चला गया था। सबसे नीचे की ईंट चौड़ाई में सवा ग्यारह और मोटाई में सवा दो इंच थी। दूसरी ईंटें थीं $14 \times 7 \times 2\frac{1}{2}$, $13 \times 8 \times 2$, $12\frac{3}{8} \times 8\frac{1}{2} \times 2$, $9\frac{7}{8} \times 7\frac{1}{8} \times 2$ इंच।

ऊपरी तल से दो फीट नीचे एक फिट मोटी और दो फिट लम्बी राख की तह मिली थी, अर्थात आग लगी थी। एक जगह ऊपरी तल से 4 फीट नीचे $9\frac{1}{8} \times 7\frac{7}{8} \times 2$ इंच की दो फिट मोटी दीवार मिली, जिसकी जोड़ाई बहुत अच्छी थी और दीवार पर बाहर की ओर गौखे बने हुए थे। ये दीवारें 9वीं से 12वीं शताब्दी तक की मालूम होती थीं, यदि चबूतरे की निचली नींव को छोड़ दिया जाए। सुल्तानगंज प्राचीन स्थान है। वहाँ की गुप्तकालीन पीतल की विशाल बुद्धमूर्ति एडिनबरा में मौजूद है, इसलिए गुप्तकाल से उसका सम्बन्ध तो है ही।

10 मार्च को मुंगेर देखने गए। भूकम्प ने सबसे अधिक हानि इसी नगर को पहुँचाई थी। चौक बाजार और पूरबसराय बिलकुल सहेट-महेट हो गए थे। राजा रघुनन्दनप्रसाद के मकान के पास अब भी दबी लाशों की बदबू आ रही थी। शहर का मलवा हटाने में अभी काफी देर थी।

अगले दिन मैं पटना में था। वहाँ विक्रमशिला से तिब्बत गए आचार्य दीपंकर श्रीज्ञान के शिष्य डोम्-तोन्-पा द्वारा रचित 'गुरुगुणधर्माकर' में विक्रमशिला के बारे में देखने लगा। डोम्-तोन्-पा ने लिखा है, कि नालन्दा के भिक्षु कपल ने गंगा के किनारे एक पहाड़ी पर विहार बनवाया था। पीछे भिक्षु पालवंश संस्थापक महाराज गोपाल के पुत्र धर्मपाल के रूप में पैदा हुआ। धर्मपाल ने वहाँ एक विशाल विहार बनवाया। पालवंशी राजा महीपाल ने वज्रासन (बोधगया) विहार से दीपंकर श्रीज्ञान को विक्रमशिला विहार में बुलवाया। विक्रमशिला नामक चट्टान विहार के उत्तर तरफ थी और भंगलपुर राजधानी से विक्रमशिला विहार उत्तर तरफ था। सुल्तानगंज के विक्रमशिला होने में पक्ष और विपक्ष दोनों प्रकार के प्रमाण इतने समान हैं, कि उसके बारे में कोई निश्चय करना आसान नहीं है।

19 मार्च तक मुझे पटना ही में रहना था। मंगोल भिक्षु धर्मकीर्ति मेरे साथ थे। आपरेशन से अब वह स्वस्थ हो गए थे। मेरी बड़ी इच्छा थी कि तिब्बती भाषा की पंडिताई के साथ यदि वह कुछ संस्कृत पढ़ लेते, तो अच्छा था; किन्तु उनके लिए संस्कृत सचमुच 'बूढ़ा तोता राम-राम' वाली बात थी। मार्च के मध्य में ही गर्मी उनके बर्दाश्त के बाहर हो गई थी, लेकिन इस पर भी वह हफ्तों नहाने का नाम न लेते थे। मुझे डर लगता था, कि कहीं बीमार न पड़ जाएँ।

बिहार भूकम्प सहायता के सम्बन्ध में गांधीजी पटना आए हुए थे। उनकी परिचिता एक अंग्रेज महिला स्वदेश लौटनेवाली थी। जहाज का जल्दी प्रबन्ध होना मुश्किल था, यदि वह जल्दी मिल सकता था, तो लंका से ही। राजेन्द्र बाबू ने उनको बतलाया कि मेरे लंका में परिचित व्यक्ति हैं। मैंने सर जयतिलक को पत्र और तार दे दिया। इसी काम के सम्बन्ध में मैं गांधीजी के पास गया हुआ था। इससे पहिले भी गांधीजी से मिलने का मुझे एक से अधिक बार अवसर मिला, लेकिन मुझे कभी उनसे कोई अधिक बात जानने की इच्छा नहीं हुई। उनके आदर्शवाद का सम्मान करते हुए भी मैं बौद्धिक तौर से उनसे बहुत दूर था, इसीलिए मैं कभी उनके यहाँ गया भी तो कुछ मिनटों से अधिक नहीं ठहरा। गांधीजी के पास से जब मैं बाहर आया, तो मालवीयजी महाराज मिल गए। उनको विश्वास था, कि बुद्ध ईश्वर के भक्त थे। जब सारनाथ में किसी ने उल्टी बात बताई, तो उनको बहुत आश्चर्य हुआ। मैं बौद्धधर्म का प्रसिद्ध पंडित माना जाता था। उन्होंने मुझसे पूछा—क्या सचमुच ही बुद्ध ने ईश्वर को नहीं माना है? मैंने 'सब्बं अनिच्च' इस बुद्धवाक्य को बतलाया और कहा कि इस नियम का ईश्वर भी अपवाद नहीं हो सकते। फिर मैंने महाब्रह्मावाली 'दीर्घनिकाय' की कथा सुनाई, जिसमें ईश्वर का स्पष्ट निषेध है। मालवीयजी को खेद तो हुआ होगा, किन्तु मैं सत्य का अपलाप कैसे करता?

मुझे इस साल फिर तिब्बत में दूसरी यात्रा पर जाना था। जाने से पहले मालूम हुआ कि बिहार-उड़ीसा रिसर्च सोसाइटी मुझे अपना पूजित सदस्य बना रही है, इसके लिए कोई हर्ष-विस्मय की बात नहीं थी, किन्तु विचित्र बात यही थी, कि जेम्स, फाकस, हैलट तथा दूसरे अंग्रेज नौकरशाहों ने इस सम्मान की स्वीकृति दी थी, और मुझे अब भी अंग्रेज नौकरशाही की परछाईं से नफरत थी।

✪